JN074924

公認心理師・臨床心理士・
心理系大学院対策

心理英単語集

schéma
シェマ

デルタプラス

CONTENTS

第 1 章　知覚・脳・学習

第 2 章　認知・社会

　公認心理師、臨床心理士の指定大学院をはじめとする心理系大学院では、心理系英文の長文和訳問題、説明問題、要約問題が出題されます。こうした問題を攻略するためには、心理系英文を正確に読解することが求められます。心理系英文の読解で不可欠なのが心理英語に特化した単語の理解です。特に難解なのが、心理系英文で特有の訳し方をする専門用語（テクニカルターム）でしょう。心理系英文でしか見かけない語句もあれば、普段は他の訳し方をすることが多いのに心理系英文では特定の訳し方になる単語もあります。例えば subject は「主題；科目」という意味が一般的ですが、心理学の実験系の英文では「被験者」という意味で用いられることがあります。こうした特有の訳し方はきちんと覚えておかないと、文脈から推測して訳を導き出すのは難しいものです。本書には近年の大学院入試を調査した上で厳選した、心理学の専門用語と一般単語を合わせた1,300語に、500語にも及ぶ関連用語を加えた**1,800語**を収録しました。本書に掲載された英単語を覚えることで、英文の理解力と読解スピードが格段にアップすることでしょう。

生きた英文の中で単語を覚えられる上に
読解力と速読力が同時に身につく

　単語集というと、単語とその意味が並んでいるだけの一語一訳式のものや、短い例文が載っているだけのものが多いですが、関連づけが弱く、単調で忘れやすいという一面があります。やはり、単語は生きた英文の中で覚えた方が記憶に定着しやすいので、本書では**心理系英文の長文英語の中で単語を覚えられる**仕様にしました。そして、長文英語に触れる機会を増やすことで、**「読解力」**と**「速読**

力」を同時に身につけることができます。読解力と速読力は、限られた時間内で大量の論文英語を読むことが求められる大学院入試では必要不可欠の力です。単に単語の意味を理解しているだけでなく、読解力と速読力も養わないと、心理系大学院の入試は突破できません。

心理学の各分野がカバーされており
心理学の基礎知識も復習することができる

　本書で取り上げている心理系英文の分野は、「知覚・脳」「学習」「認知」「社会」「発達」「パーソナリティ」「臨床（基礎理論・心理査定・精神疾患・心理療法）」「統計」「研究法」となります。英文＋和訳ページでは英文とその和訳を見比べて英文中での訳し方を理解し、単語解説ページでは単語の意味やその派生語を関連づけて覚えると効率的です。

　公認心理師法が施行されてから、入試では基礎心理学系の英文の出題率も高くなっていますので、臨床心理学系だけでなく基礎心理学系の専門用語も余すことなく取り上げました。さらに、英文で使用された単語から、**論文英語の中でよく用いられる一般単語や熟語も抽出**しました。大学院を受験する上で、大学受験レベルの単語力は最低限求められますが、その中でも大学受験からブランクのある大学院受験生が忘れているであろう中級レベル以上のものを、「覚えておきたい一般単語」として取り上げています。

　また、各英文は心理学の概論書レベルの内容をまとめたものを採用しているので、英文とその和訳を読むだけで、**心理学の基礎知識の復習にもなります**。本書に繰り返し取り組むことで、単語力、読

解力、速読力、心理学の基礎知識を修得することができるでしょう。

　本書のタイトルに schéma「シェマ」と名付けたのにはある理由があります。ピアジェの認知発達論においては、外界の対象を取り入れてシェマという枠組みを形成する「同化」と、対象に合わせてシェマを変化させて取り込みやすくする「調節」を行うことで、外界に適応する認知機能を高めていくとされています。同様に、本書での学習内容が皆さんの中でシェマとして根付き、必要に応じて修正や調整がなされることで、心理学に携わるキャリアで役立つ確かな知見になってほしいという想いを込めてこのタイトルを付けました。

　一石二鳥ならぬ、一冊で三鳥も四鳥もの知識を得られる本書が、心理学の専門家への第一歩となる大学院合格に貢献することを心より願っております。

　　　　　　　　　　　　　　　　　　　　デルタプラス編集部

本書の使い方

　各節は「英文＋和訳ページ」と「単語解説ページ」で構成されています。生きた心理系英文で各語句がどのように使われているかを捉え、単語解説ページで使われている単語の意味を確認してください。

英文＋和訳ページ

　まずは心理系英文から読んでいきましょう。**英文と見比べつつ、赤シートで和訳中の赤字を消して、意味を推測しながら読んでいくと、読解力や文脈を読み取る力が養われます。**心理系英文の中で専門用語がどのように使われ、訳されているかを意識してください。和訳を読むだけでも心理学の基礎知識の復習になるので、繰り返し読み込むようにしてください。

1. 英文上の**赤太字**は心理学の専門用語、**黒太字**は覚えておきたい一般単語です。

2. 和訳では、英文上の心理学の専門用語と覚えておきたい一般単語に対応する訳を**赤太字**と**黒太字**にしています。

3. 英文で使われているその他の注意すべき語句です。

　英文＋和訳ページで使用された心理学の専門用語や一般語句の意味を確認していきましょう。**わからない単語は赤シートで意味を隠して覚えてください。**また、**各語句には関連語や類義語なども併記**していますので、あわせて覚えていくと効率的です。単語の意味を一通り理解できたら、英文＋和訳ページに戻って英文を再読し、**読解力と速読力**を鍛えましょう。

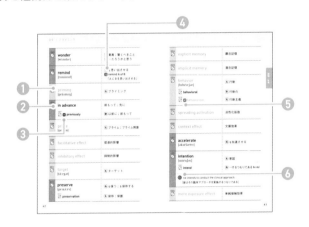

1. 青太字は覚えるべき心理学の専門用語です。

2. **黒太字**は入試で頻出の覚えておきたい一般単語です。

3. **目** は同義語・類義語です。**□** は対義語です。

4. **注** はその単語を使った注意したい用法です。

5. **関** は関連させて覚えておきたい語句です。

6. **Ex.** はその単語が含まれた例文です。

単語解説ページの後半では、関連用語や補足MEMOを掲載しています。英文で取り上げた単語や内容を踏まえて、心理学の専門用語と基礎知識の理解をさらに深めていきましょう。

⑦「関連用語」では英文では用いられなかったものの、英文の内容と関わりのある心理学の専門用語を取り上げています。紐づけて覚えてください。

⑧「補足MEMO」では英文の内容と関連する知識を簡潔にまとめています。心理系英文では心理学の背景知識があるほど、内容把握が容易になるので、このコラムを通して知識を補いましょう。

本書の略式記号について

名：名詞	形：形容詞	＝：同義語・類義語
動：動詞	副：副詞	⟷：対義語
自：自動詞	前：前置詞	注：注意したい用法
他：他動詞	関：関連語	Ex.：例文

第 **1** 章

知覚・脳・学習

01 視覚
Vision

❶ **Perception** is to grasp the characteristics of an **external object** based on information taken in through the **senses**. Visual information is formed on the **retina** as a **retinal image**, and **cone cells** or **rod cells** in the retina discriminate between the difference in colors or contrasts and a variety of information is **processed** by the brain. In addition, humans are **equipped** with **mechanisms** such as **involuntary eye movements** that **enable** stable perception. The size of a road sign is perceived as stable, that is, as the similar size when viewed from a distance or when viewed closer to the eye, and this is called **perceptual constancy**. Perceptions are **evoked** by specific stimuli, such as **vision** responding only to light and hearing only to sound. If the **stimulus** is so small that it cannot be **detected** even if it exists, the stimulus cannot be perceived, and the boundary line separating detectable from undetectable is called the **threshold**.

❷ Although visual information is actually just a light stimulus, we can discriminate its characteristics in detail by segmenting the object into **figure-ground** based on information such as color, **depth** and form. The two eyes are apart, **resulting in binocular disparity**, which allows for **depth perception**. According to Gibson's **visual cliff experiments**, depth perception is thought to occur at around six months of age. Binocular disparity may also cause **visual illusions**, such as the appearance of length different in line segments which are actually of the same length.

❶　知覚とは、感覚を通じて取り入れた情報をもとに、**外界の対象**の特徴を把握することである。視覚情報は**網膜**に**網膜像**として形成され、網膜にある**錐体細胞**や**桿体細胞**などが色や明暗の違いを判別し、さまざまな情報が脳によって**処理される**。また、**非随意的な眼球運動**など、安定した知覚が**できる仕組み**が人には**備わっている**。道路標識の大きさは安定して、つまり遠くから見ても目の前に近づいて見ても同じぐらいの大きさとして知覚されるが、これを**知覚的恒常性**という。**視覚**は光に、聴覚は音にのみ反応するなど、知覚は特定の刺激により**喚起される**。**刺激**が存在しても**検出し**得ないほど小さい場合は、刺激を知覚できない。そして、検出可能、不可能を分ける境界線を閾と呼ぶ。

❷　視覚情報は実際には単なる光刺激に過ぎないが、色、**奥行き**、形態などの情報に基づき、対象を**図と地**に分割することでその特徴を細かく識別できるのである。2つの眼球は離れているため**両眼視差が生じ**、それにより**奥行き知覚**が可能となる。ギブソンの**視覚的断崖の実験**によると、生後約6ヶ月で奥行き知覚が生じると考えられている。また両眼視差は、実際には同じ長さの線分が異なる長さに見えるなどの**錯視**を引き起こすこともある。

☑ grasp　[他] を理解する；を把握する
☑ contrast　[名] 明暗
☑ from a distance　遠くから
☑ boundary line　境界線
☑ segment　[他] を分割する
☑ line segment　線分

0001 ☐	**perception** [pərsépʃən]	名 知覚
0002 ☐	**perceive**	他 を知覚する
0003 ☐	**external** [ɪkstə́ːrnl]	形 外の；外部の
0004 ☐	🔄 **internal**	形 内部の
0005 ☐	**object** 名 [ɑ́ːbdʒɪkt] 動 [əbdʒékt]	名 対象；物；目的 自 反対する (to)
0006 ☐	**objective**	形 客観的な 名 目標
0007 ☐	**objectively**	副 客観的に
0008 ☐	**sense** [séns]	名 感覚
0009 ☐	**retina** [rétənə]	名 網膜
0010 ☐	**retinal**	形 網膜の
0011 ☐	**retinal image**	網膜像
0012 ☐	**cone cell**	錐体細胞

0013	rod cell	桿体細胞
0014	**process** [prá:ses]	他 を処理する 名 過程；工程
0015	**equip** [ɪkwíp]	他 を備えつける
0016	equipment	名 装備；備品
0017	**mechanism** [mékənìzm]	名 機構；構造；仕組み
0018	**involuntary** [ɪnvɑ́ləntèri]	形 不随意の；非随意的な
0019	⇔ voluntary	形 随意の；自発的な
0020	eye movement	眼球運動
0021	**enable** [ɪnéɪbl]	他 …できるようにする

Ex. The patronage of the company will enable the promising psychologist to verify the hypothesis.

「その企業の後援のおかげで、その有望な心理学者は仮説を検証することができるだろう」

15

0022 ☑	perceptual constancy	知覚的恒常性
0023 ☑	**evoke** [ɪvóuk]	他 を喚起する; を呼び起こす
0024 ☑	vision [víʒən]	名 視覚;視力;見通し; 先見の明
0025 ☑	visual	形 視覚の
0026 ☑	stimulus [stímjələs]	名 刺激　stimuli（複）
0027 ☑	stimulate	他 を刺激する
0028 ☑	**detect** [dɪtékt]	他 を発見する;を探知する
0029 ☑	detection	名 発見
0030 ☑	detectable	形 検出できる
0031 ☑ 🔁	undetectable	形 検出できない
0032 ☑	threshold [θréʃhould]	名 閾
0033 ☑	figure-ground	図と地
0034 ☑ 関	Gestalt psychology	ゲシュタルト心理学

0035 ☑	depth [dépθ]	名 奥行き；深さ
0036 ☑	**result in**	（結果的に）〜になる； 〜をもたらす
0037 ☑	binocular disparity	両眼視差
0038 ☑	depth perception	奥行き知覚
0039 ☑	visual cliff	視覚的断崖
0040 ☑	**experiment** [ɪkspérəmənt]	名 実験 自 実験する
0041 ☑	visual illusion	錯視

関連用語

☑ stimulus threshold	刺激閾
☑ constancy phenomenon	恒常現象
☑ photoreceptor	光受容器
☑ auditory sensation	聴覚
☑ visual field	視野

02 自律神経
Autonomic Nervous System

❶ Human **nervous system** is **divided** into the **central nervous system** and **peripheral nervous system**. The peripheral nervous system has the **somatic nervous system** which **governs** sensory and motor functions and the **autonomic nervous system** which controls respiration and heartbeat. The name, autonomic nervous system was given because it automatically works without your intention and is relatively **independent** from the central nervous system.

❷ Moreover, the autonomic nervous system is divided into the **sympathetic nervous system** and **parasympathetic nervous system**. **Hypothalamus** in the brain mainly adjusts internal body to maintain the constancy of the **organism** with those two nervous systems balancing with each other. When you lose the good balance of the constancy what they call homeostasis, it can cause **autonomic dystonia** with headache, dizziness, and palpitations as prominent symptoms. In addition, it is said that when we **encounter** a danger, the sympathetic nervous system works dominantly, being followed by **fight-or-flight response**, the **preparatory** state before you fight or flight.

❸ Among nerve cells called **neuron**, the information is **transmitted** through **neurotransmitters**, and **noradrenaline** in the sympathetic nervous system and **acetylcholine** in the parasympathetic nervous system mainly play the role of information transmission.

❹ It is the field called **neuropsychology** in which brain damage, the following **dysfunction**, and functional localization are clarified through **inspections** and experiments. In this field, partly because techniques of **neuroimaging** like MRI has been advanced, progress of research has been **remarkable** recently.

❶ 人の神経系は**中枢神経系**と**末梢神経系**に**分かれる**。末梢神経系には、感覚や運動の機能**を司る体性神経系**と、呼吸や心拍などの調節を行う**自律神経系**がある。自律神経系という名称は、意識しなくても自動的に働き、また中枢神経系から比較的**独立して**いるところから付けられた。

❷ 自律神経系はさらに**交感神経系**と**副交感神経系**に分かれている。脳の**視床下部**が中心となり、互いにバランスを取るそれら2つの神経系と共に、**生体**の恒常性を維持するために体内を整えている。このホメオスタシスと呼ばれる恒常性のバランスが崩れると、頭痛、めまい、動悸などを主症状とする**自律神経失調症**が生じることがある。また、我々が危険に**遭遇した**ときなどは交感神経が優位に働き、闘うか逃げるかする前の**準備**状態である、**闘争・逃走反応**が生じると言われている。

❸ ニューロンと呼ばれる神経細胞の間で情報は**神経伝達物質**を介して**伝えられる**。そして、交感神経系では**ノルアドレナリン**、副交感神経系では**アセチルコリン**が情報伝達を主に担っている。

❹ 脳の損傷やそれによる**機能不全**、機能局在などを**検査**や実験を通じて明らかにしていくのが**神経心理学**という分野である。この分野はＭＲＩなどの**神経画像検査**の技術が発展していることもあって、近年研究の進歩が**著しい**ものとなっている。

☐ respiration 图 呼吸
☐ heartbeat 图 心拍；鼓動
☐ constancy 图 恒常性
☐ headache 图 頭痛

☐ dizziness 图 めまい
☐ palpitation 图 動悸
☐ dominantly 副 優位に；支配的に
☐ functional localization 機能局在

0042 ☑	nervous system	神経系
0043 ☑	**divide** [diváid]	他 を分ける；を分割する
0044 ☑	division	名 分割；分かれていること
0045 ☑	central nervous system	中枢神経系
0046 ☑	peripheral nervous system	末梢神経系
0047 ☑	somatic nervous system	体性神経系
0048 ☑	**govern** [gÁvərn]	他 を支配する；を管理する
0049 ☑	government	名 政府；政治
0050 ☑	autonomic nervous system	自律神経系
0051 ☑	**independent** [ìndɪpéndənt]	形 独立した
0052 ☑	independence	名 独立
0053 ☑ 🔄	dependent	形 依存性の；依存した

0054 ☑	sympathetic nervous system	交感神経系
0055 ☑	parasympathetic nervous system	副交感神経系
0056 ☑	hypothalamus [hàipouθǽləməs]	名 視床下部
0057 ☑ 関 thalamus		名 視床
0058 ☑	**organism** [ɔ́ːrgənìzm]	名 生物；有機体
0059 ☑ organic		形 生物の；有機体の
0060 ☑	autonomic dystonia	自律神経失調症
0061 ☑ 関 autonomy		名 自律性
0062 ☑	**encounter** [ɪnkáuntər]	他 に出くわす；に遭遇する
0063 ☑ 関 encounter group		エンカウンターグループ
0064 ☑	fight-or-flight response (fight-or-flight reaction)	闘争・逃走反応

0065 ☑	**preparatory** [prɪpérətɔ̀:ri]	形 準備の
	0066 ☑ prepare	自 準備をする 他 を準備する
	0067 ☑ preparation	名 準備
0068 ☑	neuron [n(j)ύərɑ:n]	名 ニューロン
	0069 ☑ neural	形 神経の；神経系の
0070 ☑	**transmit** [trænsmít]	他 を送る；を送信する
	0071 ☑ transmission	名 送信；伝達
0072 ☑	neurotransmitter [n(j)ύəroutrænsmítər]	名 神経伝達物質
0073 ☑	noradrenaline [nɔ̀:rədrénəlin]	名 ノルアドレナリン
	0074 ☑ ⊜ norepinephrine	名 ノルエピネフリン
0075 ☑	acetylcholine [æsitailkóuli:n]	名 アセチルコリン
0076 ☑	neuropsychology [n(j)ύərousaɪká:lədʒi]	名 神経心理学

0077 ☑	**dysfunction** [dɪsfʌ́ŋkʃən]	名 機能不全
0078 ☑	**inspection** [ɪnspékʃən]	名 調査；検査
0079 ☑	**inspect**	他 を調査する；を検査する
0080 ☑	**neuroimaging** [n(j)ừərouímədʒɪŋ]	名 ニューロイメージング；神経画像（検査）
0081 ☑	**remarkable** [rɪmáːrkəbl]	形 著しい；目立った
0082 ☑	**remarkably**	副 著しく；目立って

関連用語

☑ motor neuron	運動神経
☑ sensory neuron	知覚神経
☑ neurocognitive disorders	神経認知障害群
☑ major neurocognitive disorder	認知症
☑ Parkinson's disease	パーキンソン病
☑ frontal lobe	前頭葉
☑ temporal lobe	側頭葉
☑ occipital lobe	後頭葉
☑ parietal lobe	頭頂葉
☑ cerebral cortex	大脳皮質
☑ prefrontal cortex	前頭前野；前頭前皮質

古 典 的 条 件 づ け
Classical Conditioning

❶ **Classical conditioning** is a procedure that **associates** a response to other stimulus with a cue stimulus which originally had no **relation** to it, so that a **particular** response can occur. The experiment on a dog by Pavlov is well known for that. In that experiment, after the sound of a metronome as a **conditioned stimulus** is **presented** to the dog, **pairing** of food as an **unconditioned stimulus** is presented. At the beginning, salivation as an **unconditioned response** doesn't show by only the metronome sound, but as this procedure is repeated, it gradually comes to occur a **conditioned response** which means just hearing the metronome sound is followed by salivation even without food. It is possible to establish conditioning on functions of autonomic nervous system like salivation and muscle movement.

❷ The phenomenon is called **generalization** that a conditioned response to a certain stimulus even happens to other similar stimuli. **On the contrary**, the phenomenon is called **differentiation** that a response happens only to a **specific** stimulus. The decrease in response by getting used to a stimulus is called **habituation**.

❸ If you apply conditioning, you can also establish **taste aversion learning** in which you come to dislike a certain kind of food itself after it is paired with an unpleasant stimulus. There is also a method **devised**, called **aversion therapy** in which pairing of **undesired** behavior like smoking and an **aversive** stimulus can **inhibit** and **remove maladjusted** behavior.

❶ **古典的条件づけ**とは、本来は何の**関係**もなかった手がかり刺激に、別の刺激への反応を**結びつけ**、**特定の**反応が生じるようにする手続きのことである。パブロフの犬の実験が有名である。その実験では、**条件刺激**として犬にメトロノームの音**を提示した**後に、**無条件刺激**として餌の**対呈示**を行う。最初はただメトロノームを聞かせても**無条件反応**としての唾液は出ないが、この手続きを繰り返していると、餌が無くともメトロノームの音を聞いただけで唾液が出るという**条件反応**が次第に生じるようになる。唾液分泌のような自律神経系の働きや筋運動について条件づけが可能である。

❷ ある刺激に条件づけられた反応が、他の類似の刺激によっても生じるようになる現象を**般化**という。**一方で、特定の**刺激に対してのみ反応が生じるようになる現象を**分化**という。刺激に慣れることで反応が減少してくることは**馴化**という。

❸ 条件づけを応用して、ある食べ物と不快な刺激を対にして呈示すると、その食べ物自体が嫌いになる**味覚嫌悪学習**を生じさせることもできる。また、喫煙などの**望ましくない**行動と**嫌悪**刺激とを対呈示することで、**不適応的な行動を抑制し、除去する嫌悪療法**という手法も**考え出されている。**

☑ cue 　名 手がかり
☑ metronome 　名 メトロノーム
☑ salivation 　名 唾液分泌
☑ muscle movement 　筋運動

0083 ☑	classical conditioning	古典的条件づけ
0084 ☑ = respondent conditioning		レスポンデント条件づけ
0085 ☑	**associate** [əsóuʃièit]	他 を結びつける； を関連させる
0086 ☑ association		名 関連；連合；協会
0087 ☑	**relation** [rɪléɪʃən]	名 関係
0088 ☑ relate		他 を関連づける
0089 ☑	**particular** [pərtíkjələr]	形 特定の；特別な
0090 ☑ particularly		副 特に
0091 ☑	conditioned stimulus	条件刺激
0092 ☑	**present** 動 [prɪzént] 形 [préznt]	他 を提示する；を贈る 形 出席して
0093 ☑	pairing [péəriŋ]	名 対呈示
0094 ☑	unconditioned stimulus	無条件刺激

0095 ☑	unconditioned response	無条件反応

0096 ☑	conditioned response	条件反応

0097 ☑	generalization [dʒènərələzéɪʃən]	名 般化
	0098 ☑ generalize	他 を般化する；を一般化する
	0099 ☑ generalized	形 一般化された

0100 ☑	on the contrary	一方で；逆に

0101 ☑	differentiation [dìfərenʃiéɪʃən]	名 分化
	0102 ☑ differentiate	他 を区別する；を差別化する；を鑑別する

0103 ☑	specific [spəsífɪk]	形 特定の；明確な
	0104 ☑ specifically	副 特に；明確に

0105 ☑	habituation [həbìtʃuéɪʃən]	名 馴化

0106	taste aversion learning	味覚嫌悪学習
0107	関 taste aversion conditioning	味覚嫌悪条件づけ
0108	関 Garcia effect	ガルシア効果

| 0109 | **devise** [dɪváɪz] | 他 を考案する；を工夫する |
| 0110 | device | 名 装置；工夫 |

| 0111 | aversion therapy | 嫌悪療法 |

| 0112 | **undesired** [ʌ̀ndɪzáɪəd] | 形 望ましくない；好ましくない |
| 0113 | 対 desired | 形 望ましい；好ましい |

| 0114 | **aversive** [əvə́ːrsɪv] | 形 嫌悪の；嫌悪的な |
| 0115 | aversion | 名 嫌悪 |

| 0116 | **inhibit** [ɪnhíbət] | 他 を抑止する；を抑制する；を妨げる |
| 0117 | inhibition | 名 抑止；抑制 |

| 0118 | **remove** [rɪmúːv] | 他 を取り除く；を除去する |

28

0119 ☑	**maladjusted** [mæ̀lədʒʌ́stɪd]	形 不適応の
0120 ☑	maladjustment	名 不適応

関連用語

☑ neutral stimulus	中性刺激
☑ eliciting stimulus	誘発刺激
☑ duration	持続時間；持続期間
☑ Premack principle	プレマックの原理
☑ early experience	初期経験

補足MEMO

　パヴロフ，I.P.が研究した古典的条件づけの手続きを用いて、ワトソン，J.B.は乳児に恐怖反応を生じさせる実験を行いました。この実験では、乳児が白ネズミを触ろうとしたときに、背後で大きな音を出して乳児を驚かせることを何度も続けました。すると、乳児は白ネズミを見るだけで泣き出すように条件づけられたのです。倫理的に問題があったため、当時からこの実験に対しては批判がありましたが、行動療法の原理を説明する基礎的な研究と見なされています。

オペラント条件づけ
Operant Conditioning

❶ Skinner classified behaviors into two categories: **respondent behavior** and **operant behavior**. Operant behaviors are behaviors that occur spontaneously, rather than being induced by a preceding specific stimulus. The procedure for accompanying this spontaneous behavior with a **reinforcing stimulus** and **reinforcing** the reproduction of that behavior is called **operant conditioning**.

❷ One famous experiment uses a Skinner box, a box with a contraption that releases food when a lever is pressed. The test rats get their food by **accidentally** touching a lever while **wandering around** on an empty stomach. In the course of **a series of** coincidences, they learn that if they press the lever, they will get the **reward**. Pressing the lever to gain the reward is called operant behavior, and the food that is rewarded is called **reinforcer**. Increasing operant behavior by giving a **favorable consequence** (a reward) is called **positive reinforcement**, and increasing behavior by removing an unpleasant consequence is called **negative reinforcement**. When a conditioning **manipulation** reduces or **weakens** a response, it is called **punishment**. In addition, **extinction** means the **reduction** of a conditioned response by **absence** of reinforcement of that.

❸ In the above experiment, if the response is reinforced only when the buzzer is sounded and not reinforced when it is **silent**, the rats will press the lever only when they hear the buzzer. This set of **discriminative stimuli** (buzzing), behavior (lever pressing) and consequences (reinforcement) is called **three-term contingency**, and **applied behavior analysis** is a method that aims to modify **maladaptive** behavior by **analyzing** the results.

❶ スキナーは、行動を**レスポンデント行動**と**オペラント行動**の2つのカテゴリーに分類した。オペラント行動とは、先行する特定の刺激に誘発される行動ではなく、自発的に生じる行動である。この自発行動に**強化刺激**を随伴させ、その行動の再現を**強化する**手続きを**オペラント条件づけ**という。

❷ ある有名な実験に、レバーを押すとエサが出る仕掛け付きの箱を使用した、スキナー箱を用いるものがある。被験体のラットは、空腹で**うろうろしている**うちに**偶然**レバーに触れてエサを得る。**一連の偶然**が重なるうち、レバーを押せば**報酬**がもらえることを学習する。レバーを押して報酬を得ることをオペラント行動、報酬であるエサを**強化子**という。**好ましい結果**（報酬）を与えることでオペラント行動を増やすことを**正の強化**、不快な結果を除去することで行動を増やすことを**負の強化**という。条件づけ**操作**により反応が減る、**弱まる**場合は**弱化**と呼ばれる。また、条件づけされた反応が強化**されない**ことで**減少**することを**消去**という。

❸ 上記の実験で、ブザー音を鳴らしているときだけ反応を強化し、**無音**時に強化しないと、ラットはブザー音が聞こえるときだけレバーを押すようになる。こうした**弁別刺激**（ブザー音）、行動（レバー押し）と結果（強化）のセットを**三項随伴性**と呼び、その結果を**分析して不適応的**行動を修正することを目指す方法に**応用行動分析**がある。

☑ contraption　图 工夫；仕掛け
☑ in the course of ～　～の過程で；～の最中で
☑ attenuate　他 を弱める；を減衰させる

0121 ☑	respondent behavior	レスポンデント行動
0122 ☑	operant behavior	オペラント行動
0123 ☑	reinforcing stimulus	強化刺激
0124 ☑	reinforce [rìːɪnfɔ́ːrs]	他 を強化する
0125 ☑	reinforcement	名 強化
0126 ☑	operant conditioning	オペラント条件づけ
0127 ☑	**accidentally** [æksədéntəli]	副 偶然に ⊟ by accident
0128 ☑	accidental	形 偶然の
0129 ☑	accident	名 事故；偶然
0130 ☑	**wander around**	うろうろする；ぶらぶら歩きまわる
0131 ☑	**a series of ～**	一連の～
0132 ☑	reward [rɪwɔ́ːrd]	名 報酬　他 に報酬を与える
0133 ☑	rewarding	形 価値のある；有益な

0134 ☐	reinforcer [rìːɪnfɔ́ːrsər]	名 強化子
0135 ☐	**favorable** [féɪvərəbl]	形 好ましい；好都合な
0136 ☐	⬌ unfavorable	形 好ましくない； 不都合な
0137 ☐	**consequence** [kάːnsəkwèns]	名 結果
0138 ☐	consequently	副 結果的に；結果として
0139 ☐	positive reinforcement	正の強化
0140 ☐	negative reinforcement	負の強化
0141 ☐	manipulation [mənɪpjəléɪʃən]	名 操作
0142 ☐	manipulate	他 を操作する
0143 ☐	**weaken** [wíːkən]	他 を弱める
0144 ☐	punishment [pʌ́nɪʃmənt]	名 弱化；罰
0145 ☐	punish	他 を罰する

0146 ☑	**extinction** [ɪkstíŋkʃən]	名 消去
	0147 ☑ extinguish	他 を消す；を消去する
0148 ☑	**reduction** [rɪdʌ́kʃən]	名 減少；削減
	0149 ☑ reduce	他 を減らす
0150 ☑	**absence** [ǽbsəns]	名 不在；欠如；欠席
	0151 ☑ absent	形 不在の；欠席して (from)
0152 ☑	**silent** [sáɪlənt]	形 静かな；沈黙した
	0153 ☑ silence	名 静けさ；沈黙
0154 ☑	discriminative stimulus	弁別刺激
0155 ☑	three-term contingency	三項随伴性
0156 ☑	applied behavior analysis	応用行動分析
0157 ☑	**maladaptive** [mæ̀lədǽptɪv]	形 不適応な

0158 ☑	**analyze** [ǽnəlàɪz]	他 を分析する
	0159 ☑ **analysis**	名 分析
	0160 ☑ **analyst**	名 分析家；分析者

関連用語

☑ positive punishment	正の弱化（罰）
☑ negative punishment	負の弱化（罰）
☑ aversive stimulus	嫌悪刺激
☑ shaping	反応形成；シェイピング
☑ ABC analysis	ＡＢＣ分析
☑ reinforcement schedule	強化スケジュール
☑ stimulus control	刺激性制御
☑ token economy	トークンエコノミー法

補足MEMO

　オペラント条件づけとは、スキナー, B.F.によって定式化された、学習者の自発的で意図的な反応の増大や低減を学習目標として行われる手続きのことです。オペラント条件づけの原理は、古典的条件づけと同様、行動療法において用いられており、代表的な技法として、シェイピングやトークンエコノミー法などが挙げられます。

05 学習の転移
Transfer of Learning

❶ The **impact** of previously learned **content** on later learning is called **transfer of learning**. A case such as soccer experience **facilitating** the learning of futsal is called **positive transfer**, and **negative transfer** is the name given to a case such as the steps learned in ballet making it difficult to dance hip-hop. A case where the results of **practice** in one hand appear in the other hand is called **bilateral transfer**. An experiment of **mirror drawing**, in which **participants** practice **depicting** a **figure reflected** in a mirror with one hand while looking at the upside-down or side-to-side **inverted** image, shows they are able to use their previous learning when depicting the image with the other hand and make relatively quick **progress**. Bilateral transfer has also been applied to the rehabilitation of post-stroke **patients**, and if the patient practices movements with the non-paralyzed hand and then performs the same movements with the paralyzed hand, he or she may become able to move the **disabled** hand.

❷ If you do similar tasks **repeatedly**, you'll soon be able to perform them **smoothly** even if the task is **slightly** different, **provided that** the content has similar laws. Thinking that we have learned how to learn, Harlow called this phenomenon the formation of a **learning set**. As we learn one thing, we seem to develop the ability to display our skills in related **matters** as well.

❶ 以前学習した**内容**が、後の学習に**影響**を及ぼすことを**学習の転移**という。サッカーの経験がフットサルの学習**を促進**するような場合を**正の転移**と言い、バレエで学習したステップがヒップホップを踊りにくくするような場合を**負の転移**という。片方の手で**練習**した成果が、もう片方の手に現れることを**両側性転移**という。上下または左右に**反転した像**を見ながら、**被験者が片方の手で鏡に映った図形を描く**練習をする**鏡映描写**の実験では、別の手で描写するときに前の学習が活かされ、比較的早く**上達**することがわかっている。両側性転移は脳卒中後の**患者**のリハビリテーションにも応用されており、麻痺が生じていない方の手で動作練習をし、それから麻痺が生じている方の手で同じ動作を行うと、**障害のある**手も動かせるようになることがある。

❷ 似たような課題を**繰り返し**こなしていると、類似した法則を持つ内容で**あれば**課題が**少し**変わってもほどなく**順調に**できるようになっていく。学習する方法を学習したと考え、ハーロウはこの現象を**学習セット**の形成と呼んだ。人は１つのことを習得するにつれて、関連する**事柄**にも技能を発揮できる力を備えているようである。

☑ upside-down 〔形〕逆さまの
☑ side-to-side 〔形〕左右相互の
☑ post-stroke 〔形〕脳卒中後の
☑ paralyze 〔他〕を麻痺させる

0161		
☑	**impact** 名 [ímpækt] 動 [ɪmpǽkt]	名 影響；衝撃；衝突 他 に影響を与える

0162		
☑	**content** 名 [kάːntent] 形 [kəntént] 0163 ☑ 関 content analysis	名 内容　形 満足して 内容分析

Ex. He is content with the accuracy of the psychological test.
「彼はその心理検査の精度に満足している」

0164		
☑	transfer of learning	学習の転移

0165		
☑	**facilitate** [fəsílətèɪt] 0166 ☑ facilitation	他 を容易にする；を促す 名 促進

0167		
☑	positive transfer	正の転移

0168		
☑	negative transfer	負の転移

0169		
☑	**practice** [prǽktɪs] 0170 ☑ practical 0171 ☑ practically	名 練習；実行 自 他 練習する；実行する 形 実用的な；実際の 副 実際には；ほとんど

0172 ☑	bilateral transfer	両側性転移
0173 ☑	mirror drawing	鏡映描写
0174 ☑	participant [pɑːrtísəpənt]	名 被験者；被検者；参加者
0175 ☑	participate	自 参加する (in)
0176 ☑	participation	名 参加
0177 ☑	depict [dɪpíkt]	他 を描く；を表現する
0178 ☑	depiction	名 描写；表現
0179 ☑	figure [fígjər]	名 像；図；形；数字
0180 ☑	関 table	名 表
0181 ☑	reflect [rɪflékt]	他 を映す；を反映する； を反射する；を熟考する
0182 ☑	reflection	名 反射；反映；熟考
0183 ☑	invert [ɪnvə́ːrt]	他 を反転させる； を逆さにする
0184 ☑	inversion	名 反転；逆転

0185 ☑	**progress** 名 [prá:gres] 動 [prəgrés]	名 進歩；前進 自 進む；進歩する
	0186 ☑ progressive	形 進歩的な；前進する
	0187 ☑ in progress	進行中で
0188 ☑	**patient** [péɪʃənt]	名 患者　形 忍耐強い
0189 ☑	**disabled** [dɪséɪbld]	形 障害のある；機能しない
0190 ☑	**repeatedly** [rɪpíːtɪdli]	副 繰り返し；たびたび
0191 ☑	**smoothly** [smúːðli]	副 順調に；円滑に
	0192 ☑ smooth	形 順調な；円滑な；流暢な
0193 ☑	**slightly** [sláɪtli]	副 少し；わずかに
	0194 ☑ slight	形 少しの；わずかな； ささいな
0195 ☑	**provided (that) ...**	もし…ならば

0196 ☑	learning set	学習セット
0197 ☑	**matter** [mǽtər]	名 事柄；問題；物質

関連用語

- ☑ proactive inhibition　　　　順向抑制
- ☑ retroactive inhibition　　　逆向抑制
- ☑ perception-motor learning　知覚運動学習
- ☑ expertise　　　　　　　　　熟達化
- ☑ learned helplessness　　　　学習性無力感
- ☑ feedback　　　　　　　　　フィードバック
- ☑ discovery learning　　　　　発見学習

補足MEMO

　ハーロウ, H.F.は、動物を用いた実験を通じて、人間の学習や愛着に関する研究を行いました。彼の業績としては、動物を対象とするウィスコンシン一般テスト装置を開発して行った、学習セットの研究などが有名です。また、アカゲザルを対象にして行った代理母親の実験により、ハーロウは母子間の愛情形成における母子接触の重要性を明らかにしました。こうしたハーロウの研究は、ボウルビィ, J.の愛着理論や、愛着対象が子どもにとって心の拠り所としての機能を果たすというエインズワース, M.D.S.の安全基地の概念などにつながり、学習心理学のみならず発達心理学にも大きな影響を及ぼしました。

06 試 行 錯 誤
Trial and Error

❶ When you can't find a way of **problem solving**, what should you do? It may often happen that you start with something just to give it a try and if that doesn't succeed, you could try other ways. It is called **trial and error** that you **aim** at solving a problem through repetition of those acts. Thorndike had an experiment of **trial and error learning** using a puzzle box. He then advocated the **law of effect** which means some behavior and response can be more **likely to** occur again after that behavior and response could have been followed by **affirmative** consequences. **Instead of** trying many kinds of ways through trial and error, conversely **integrating** various kinds of information to **achieve** problem solving in a flash is referred to as **insight**.

❷ It is also possible that you learn a way of problem solving not by learning only the relation between each stimulus and each response, but by **picturing paths** overall in your mind. Tolman advocated the concept called **cognitive map** supported by his maze experiment with a rat. This experiment suggested that even if the map has a little difference from what was originally learned, it is still possible to reach the goal quickly **as long as** the comprehensive map is given in your mind. There is also an experimental result that even though no learning seems to be **established** in a maze task which is not **accompanied** with any reward, the success rate on the task increases as soon as food is placed at the goal. This shows that **latent learning** occurred.

❶　問題解決の方法が見つからないとき、どうすべきだろうか。試しに何かを始めてみて、不成功であればまた別の方法を試すということもよくあるだろう。そうした行動の繰り返しにより問題の解決に**向かおうとする**ことを**試行錯誤**という。ソーンダイクは問題箱を用いて、**試行錯誤学習**についての実験を行った。そして、行動したり反応したりすることで**肯定的な**結果が得られると、その行動や反応が再びより生じ**やすくなる**という**効果の法則**を提唱した。試行錯誤してあれこれと試す**ではなく**、それとは逆にさまざまな情報**を統合して**一気に問題解決**に至る**ことを**洞察**という。

❷　個々の刺激と反応の関係だけを学習するのではなく、頭の中に全体的な**道筋を思い描く**ことで問題解決の方法を学習することもできる。トールマンはラットを使った迷路の実験から裏付けられた**認知地図**という概念を提唱した。この実験では元々学習したものと迷路が多少変わっても、全体の地図が頭の中に描かれている**限り**、ゴールに速やかに到達できることが示された。報酬がまったく**不随しない**迷路課題では何の学習も**成立しない**ように見えても、ゴールに餌が置かれるようになった途端に課題の成功率が上がるという実験結果もある。このことは**潜在学習**が生じたことを表している。

☑ puzzle box　問題箱
☑ conversely　副 逆に；反対に
☑ in a flash　すぐに
☑ maze　名 迷路

0198 ☑	problem solving	問題解決
0199 ☑	trial and error	試行錯誤
0200 ☑	**aim** [éɪm]	自 目指す (to do/at) 他 を目標にしている
0201 ☑	trial and error learning	試行錯誤学習
0202 ☑	law of effect	効果の法則
0203 ☑	**likely to ...**	…しそうである； …しやすくなる； …する傾向がある
0204 ☑	**affirmative** [əfə́ːrmətɪv]	形 肯定的な；断定的な
0205 ☑	**instead of ~**	〜ではなく； 〜の代わりに

Ex. Controlling the extraneous variables instead of manipulating the independent variables was key to the demonstration of a significant difference in the groups.

「独立変数を操作するのではなく剰余変数を統制することが、その両群間の有意差を明らかにするのに重要だった」

0206 ☑	**integrate** [íntəgrèɪt]	他 を統合する；をまとめる
	0207 ☑ integration	名 統合；統一
0208 ☑	**achieve** [ətʃíːv]	他 を達成する；を獲得する
	0209 ☑ achievement	名 達成；成果；業績；成績
0210 ☑	insight [ínsàɪt]	名 洞察
0211 ☑	**picture** [píktʃər]	他 を頭の中に描く； を描写する
0212 ☑	**path** [pǽθ]	名 道筋；小道
0213 ☑	cognitive map	認知地図
0214 ☑	**as long as**	…する限り； …しさえすれば
0215 ☑	**establish** [ɪstǽblɪʃ]	他 を設立する；を設置する ；を確立する
	0216 ☑ establishment	名 設立；確立；施設

| 0217 ☑ | **accompany** [əkámpəni] | 他 を伴う；について行く；に付随して起こる |

Ex. Depression can be accompanied by physical symptoms, including headache.

「うつ病は頭痛などの身体症状を伴うことがある」

| 0218 ☑ | latent learning | 潜在学習 |

関連用語

☑ space perception	空間知覚
☑ strategy	方略
☑ heuristic	ヒューリスティック
☑ aha experience	アハ体験

認知・社会

07 記憶
Memory

❶ If we tried to remember every single bit of information that we had taken in by seeing and hearing, how huge would your **storage** of **memory** be? To **avoid enormous** information overload, the human brain has mechanisms that it stores the necessary information while the less important one can be forgotten.

❷ It is **sensory memory** that **temporarily** stores the information taken through your eyes and ears, and some information which you **direct** your **attention** to is **retained** in **short-term memory**. Since short-term memory is forgotten in about 30 sec. if left alone, the information you want to hold in memory for a long time must be managed to stay in **long-term memory** by **rehearsal** such as repetition. The information stored in long-term memory is **maintained** semi-**permanently** and the storage **capacity** is considered almost unlimited. Long-term memory is classified as **declarative memory** and **procedural memory**. The **former** means **semantic memory** like historical facts learned by textbooks and **episodic memory** like family trips in your elementary school days and is characterized as being **described** by words. The latter means the memory related to skills and series of procedures, and it is what they call the memory stored in your body such as how to drive a car and how to play musical **instruments**.

❶　私たちがこれまでに見聞きして取り入れてきた情報をすべて覚えておこうとしたら、**記憶の貯蔵量**はどれだけ大量になるのだろうか。**膨大な**情報でいっぱいになるの**を回避する**ために、人間の脳には必要な情報を保存し、一方であまり重要ではない情報は忘れられる仕組みがある。

❷　目や耳から取り入れた情報を**一時的に**保存しておくのが**感覚記憶**であり、その中でも**注意を向けられた**情報は、**短期記憶**に**保持される**。短期記憶は何もしなければ30秒程度で忘れられてしまうため、ずっと記憶にとどめていたい情報は、復唱などの**リハーサル**をして何とか**長期記憶**に残るようにしなければならない。長期記憶に保存された情報は、**半永久的に保持され**、記憶できる**容量**もほぼ無限と考えられている。長期記憶は**宣言的記憶**と**手続き記憶**に分類される。**前者**は教科書で学んだ歴史的事実のような**意味記憶**や、小学校時代の家族旅行の思い出のような**エピソード記憶**を意味し、言葉で**記述できる**のが特徴である。後者は技能や一連の手続きに関する記憶を意味し、車の運転の仕方や**楽器**の弾き方など、いわゆる身体で覚えている記憶のことをいう。

☑ overload　名 過重量
☑ unlimited　形 無限の；無制限の

0219 ⃞ **storage** [stɔ́:rɪdʒ]	名 貯蔵（量）
0220 ⃞ store	他 を記憶する；を貯蔵する；を保存する 名 貯蔵所；蓄え
0221 ⃞ 関 retention	名 保持
0222 ⃞ 関 short-term store	短期貯蔵庫
0223 ⃞ 関 long-term store	長期貯蔵庫
0224 ⃞ **memory** [méməri]	名 記憶
0225 ⃞ **avoid** [əvɔ́ɪd]	他 を避ける；を回避する
0226 ⃞ avoidance	名 回避
0227 ⃞ **enormous** [ɪnɔ́:rməs]	形 膨大な；莫大な；巨大な
0228 ⃞ **sensory memory**	感覚記憶
0229 ⃞ 関 sensory store	感覚貯蔵庫
0230 ⃞ **temporarily** [tèmpərérəli]	副 一時的に
0231 ⃞ temporary	形 一時的な

0232 ☑	**direct** [dərékt]	他 を向ける；に指図する 形 直接の
	0233 ☑ direction	名 指図；方向；指導
	0234 ☑ directly	副 直接に
0235 ☑	attention [əténʃən]	名 注意；注目；世話 注 pay attention to ～ 「～に注意を払う」
	0236 ☑ attend	他 に出席する；に通う 自 注意を払う (to)
	0237 ☑ attentive	形 注意深い
	0238 ☑ 関 selective attention	選択的注意
0239 ☑	**retain** [rɪtéɪn]	他 を保持する；を保つ
0240 ☑	short-term memory	短期記憶
	0241 ☑ 関 working memory	作業記憶；ワーキング メモリ
0242 ☑	long-term memory	長期記憶
0243 ☑	rehearsal [rɪhə́ːrsl]	名 リハーサル
	0244 ☑ rehearse	他 リハーサルをする； を繰り返して言う

0245	**maintain** [meɪntéɪn]	他 を維持する；を主張する
0246	maintenance	名 維持；保守
0247	**permanently** [pə́:rmənəntli]	副 永久に；恒久的に
0248	permanent	形 永久の；不変の
0249	**capacity** [kəpǽsəti]	名 能力；容量
0250	capable	形 能力がある；有能な 注 be capable of …ing 「…する能力がある」
0251	declarative memory	宣言的記憶
0252	procedural memory	手続き記憶
0253	**former** [fɔ́:rmər]	名 前者　形 前の
0254	⟷ latter	名 後者　形 後の
0255	semantic memory	意味記憶
0256	episodic memory	エピソード記憶

0257 ☑	**describe** [dɪskráɪb]	他 を述べる；を説明する； を描写する
0258 ☑	**description**	名 描写；記述
0259 ☑	**descriptive**	形 記述的な
0260 ☑	関 **descriptive statistics**	記述統計
0261 ☑	**instrument** [ínstrəmənt]	名 楽器；道具；器具
0262 ☑	**instrumental**	形 道具となる；役に立つ

関連用語

☑ encoding (memorization)	符号化（記銘）
☑ retrieval (remembering)	検索（想起）
☑ memory trace	記憶痕跡
☑ recall	再生
☑ recognition	再認
☑ recollection	記憶；回想
☑ two-store model of memory	記憶の二重貯蔵モデル
☑ organization	体制化
☑ elaboration	精緻化
☑ levels of processing	処理水準
☑ chunk	チャンク
☑ magical number 7±2	マジカルナンバー7±2
☑ iconic memory	アイコニックメモリー
☑ echoic memory	エコイックメモリー
☑ nonsense syllable	無意味つづり

スキーマ
Schema

❶　**Schema** which was advocated by Bartlett means the **framework** which **constitutes** your knowledge. That **consists** of **abstract** and generalized information and is often formed by experiences. For example, I'll tell you the case of basketball schema. As soon as you hear 'basketball', you can imagine that it is the ball game in which you handle a bit large and stiff ball only by hands in the court and have to put the ball into the basket placed at the end of the court. That is because the schema has already been **composed** in your **brain**. The framework related to a series of actions you usually see in the daily life is called **script**. In an example of coffee shop-use script, it consists of the **typical flow** which includes entering the shop, choosing a table, making your order at the counter, and receiving the **products**. When the script is understood, you can perceive by **top-down processing** how to act even at a coffee shop in a local town you visit **for the first time**.

❷　Some information is easier to remember when it is **identical** to the schema you have, and the **phenomenon** called **perceptual sensitization** sometimes **occurs**. **On the other hand**, when the new information doesn't **coincide** with your framework, it is said that **perceptual defense** which distorts information and memory **in accordance with** your preexisting schema occurs, and **forgetting** arises even though you had remembered the information properly.

❶　バートレットによって提唱された**スキーマ**とは、知識**を構成する枠組み**のことである。スキーマは**抽象的で**一般化された情報から**成り**、しばしば経験によって形作られる。例えば、バスケットボールスキーマについて考えてみよう。「バスケットボール」と聞くとすぐに、やや大きめの固いボールを、コート内で手だけで操り、コートの端に置かれたかごにボールを入れる必要のある球技だと想像できる。それは、そのスキーマが**頭**の中にすでに**構成されている**からである。日常生活でよく見られる一連の行動に関する枠組みは、**スクリプト**と呼ばれる。カフェ利用のスクリプトの例では、そのスクリプトは、店に入り、席を取り、カウンターで注文をして、**商品を受け取ることを含む典型的な流れ**から成っている。スクリプトを理解していると、**初めて**訪れる地域の町のカフェですら、どのように振舞えばよいかを**トップダウン処理**で察することができる。

❷　自分の持つスキーマと**一致する**と、情報の中には覚えやすいものもあり、時には**知覚的促進**という**現象が起きる**こともある。**その一方で**、新しい情報が自分の枠組みに**一致しない**場合、既有スキーマに**沿って**情報や記憶を歪めてしまう**知覚的防衛**が生じたり、その情報を適切に覚えたとしても**忘却**が生じると言われている。

☑ stiff　形 固い；堅い

0263 ☑	**schema** [skí:mə]	名 スキーマ；シェマ

0264 ☑	**framework** [fréɪmwə̀:rk]	名 枠組み
	0265 ☑ frame	名 フレーム
	0266 ☑ 関 frame theory	フレーム理論

0267 ☑	**constitute** [ká:nstət(j)ù:t]	他 を構成する
	0268 ☑ constitution	名 構成
	0269 ☑ constitutional	形 構成上の；体質の

| 0270 ☑ | **consist** [kənsíst] | 自 成る (of) |

Ex. Piaget suggested that development of intelligence consists of four stages.

「ピアジェは知能の発達は4つの段階から成ると提唱した」

0271 ☑	**abstract** 形 [æbstrǽkt] 名 [ǽbstrækt]	形 抽象的な 名 要約
	0272 ☑ abstractly	副 抽象的に
	0273 ☑ abstraction	名 抽象化；抽象概念
	0274 ☑ 🔄 concrete	形 具体的な

| 0275 ☑ | **compose** [kəmpóuz] | 他 を構成する；を組み立てる |
| | 0276 ☑ composition | 名 構成 |

| 0277 ☑ | brain [bréin] | 名 脳；頭脳；頭 |

| 0278 ☑ | script [skrípt] | 名 スクリプト |
| | 0279 ☑ 関 script analysis | 脚本分析 |

| 0280 ☑ | **typical** [típıkl] | 形 典型的な；代表的な |
| | 0281 ☑ typically | 副 典型的に；概して；主として |

| 0282 ☑ | **flow** [flóu] | 名 流れ |

| 0283 ☑ | **product** [prá:dəkt] | 名 商品；製品；産物 |
| | 0284 ☑ produce | 他 を生み出す；を作り出す |

| 0285 ☑ | top-down processing | トップダウン処理 |
| | 0286 ☑ ⬌ bottom-up processing | ボトムアップ処理 |

0287	**for the first time**	初めて
0288	⇔ for the last time	最後に

0289	**identical** [aɪdéntɪkl]	形 一致している； 同一の (to)
0290	identify	他 を見分ける；を特定する を同一視する
0291	関 identification	名 同一視；同一化

0292	**phenomenon** [fɪnáːmənən]	名 現象 phenomena (複)

0293	perceptual sensitization	知覚的促進；知覚的鋭敏化

0294	**occur** [əkə́ːr]	自 生じる；発生する
0295	occurrence	名 出来事

0296	**on the other hand**	その一方で

0297	**coincide** [kòʊɪnsáɪd]	自 一致する； 合致する (with)
0298	coincidence	名 (偶然の) 一致

0299 ☑	perceptual defense	知覚的防衛
0300 ☑	**in accordance with ～**	～に従って；～に沿って
0301 ☑	forgetting [fərgétɪŋ] 0302 ☑ 関 forgetting curve	名 忘却 忘却曲線

認知・社会

関連用語

☑ knowledge	知識
☑ story grammar	物語文法
☑ functional fixedness	機能的固着；機能的固定
☑ prototype	プロトタイプ

09 プライミング
Priming

❶ I **wonder** if you had an experience where you bought blue clothes without a special reason, and it casually **reminded** you that you and your friend chatted about the main character's stylish blue clothes in a movie you had seen the previous week. It is called **priming** effect by which the information you acquired **in advance** (**prime**) has **facilitative effect** or **inhibitory effect** on the following events (**target**) unconsciously. Prime is not **preserved** in **explicit memory** but in **implicit memory**, and influences on human **behavior** in a way of **spreading activation**. In the case of the clothes above, it can be possible that the value added by **context effect** which showed that the actor wore the blue clothes, and your friend evaluated it positively further **accelerated** your purchase **intention**.

❷ It is said that **mere exposure effect** works on people and things with high frequency contact and easily induces your positive emotion to those. It is considered that becoming more **familiar** to some object reduces the load of perceptual processing, and thus the **impression** to that object **transforms** into the favorable one. The similar mechanism to priming works for that. This kind of cognitive mechanism can also be applied to **impression management** of corporate images. When you are exposed to **subliminal stimuli**, which is presented too shortly for you to be aware of, priming effect can occur, too. This makes it difficult for receivers to **evade** the stimuli, and therefore it is **prohibited** to use subliminal stimuli on media like TV in Japan.

❶ 何となく青い服を買ったが、そういえば、先週観た映画の主人公が着ていたおしゃれな青い服のことを友人と話していたなと何気なく**思い出した**、などという経験は**ないだろうか**。**先に**得た情報（**プライム**）が、その後の出来事（**ターゲット**）に無意識的に**促進的影響**または**抑制的影響**を及ぼすことを**プライミング**効果という。プライムは、**顕在記憶**には**残らない**が潜在記憶には残り、**活性化拡散**という形で人の**行動**に影響を及ぼす。先に述べた服の例では、青い服を俳優が着ており、友人もその服を肯定的に評価していたという**文脈効果**による付加価値が購買**意欲**をさらに**促進した**のかもしれない。

❷ 接触頻度が多い人やものに対しては**単純接触効果**が働き、肯定的な感情を容易に引き起こすと言われている。これは対象に**見慣れて**くることにより知覚的な処理負担が減るため、その対象への**印象**が好意的なものへと**変化する**と考察されている。プライミングと類似の機序が働いているのである。こうした認知的メカニズムは、企業イメージの**印象操作**などにも応用することが可能である。また**サブリミナル刺激**という、意識できないほど短時間だけ提示された情報に曝された場合でも、プライミング効果が生じることがある。これにより受け手側が刺激**を回避する**ことが困難になる。それゆえ、日本ではテレビなどの媒体でサブリミナル刺激を使うことは**禁止されている**。

- ☑ casually 副 何気なく
- ☑ chat 自 おしゃべりする
- ☑ previous 形 前の
- ☑ following 形 次の
- ☑ unconsciously 副 無意識に
- ☑ frequency 名 頻度
- ☑ load 名 負担；重荷
- ☑ perceptional 形 知覚の
- ☑ corporate 形 企業の；法人の
- ☑ receiver 名 受取人

0303 ☑	**wonder** [wʌ́ndər]	名 驚異；驚くべきこと 他 …だろうかと思う
0304 ☑	**remind** [rɪmáɪnd]	他 を思い出させる 注 remind A of B 「AにBを思い出させる」
0305 ☑	priming [práɪmɪŋ]	名 プライミング
0306 ☑	**in advance**	前もって；先に
0307 ☑	**≡ previously**	副 以前に；前もって
0308 ☑	prime [práɪm]	名 プライム；プライム刺激
0309 ☑	facilitative effect	促進的影響
0310 ☑	inhibitory effect	抑制的影響
0311 ☑	target [tá:rgət]	名 ターゲット
0312 ☑	**preserve** [prɪzə́:rv]	他 を保つ；を保存する
0313 ☑	preservation	名 保存；保護

0314 ☑	explicit memory	顕在記憶
0315 ☑	implicit memory	潜在記憶

0316 ☑	behavior [bɪhéɪvjər]	名 行動
0317 ☑	behavioral	形 行動の
0318 ☑ 関 behaviorism		名 行動主義

0319 ☑	spreading activation	活性化拡散
0320 ☑	context effect	文脈効果

0321 ☑	accelerate [əksélərèɪt]	他 を加速させる

0322 ☑	intention [ɪnténʃən]	名 意図
0323 ☑ intend		他 …するつもりである (to do)

Ex. He intends to conduct the clinical approach.
「彼はその臨床アプローチを実施するつもりである」

0324 ☑	mere exposure effect	単純接触効果

63

0325 ☑	**familiar** [fəmíljər]	形 精通している；なじみがある（with）
0326 ☑ 🔄 unfamiliar		形 よく知らない；慣れていない

Ex. The experienced counselor is familiar with abuse prevention programs.

「その経験のあるカウンセラーは虐待防止プログラムに精通している」

0327 ☑	**impression** [ɪmpréʃən]	名 印象
0328 ☑ impressive		形 印象的な

0329 ☑	**transform** [trænsfɔ́ːrm]	自 変化する 他 を変化させる；を変換させる
0330 ☑ transformation		名 変化；変形；変質

0331 ☑	impression management	印象操作

0332 ☑	subliminal stimulus	サブリミナル刺激；閾下刺激
0333 ☑ 関 liminal stimulus		閾刺激

0334 ☑	**evade** [ɪvéɪd]	他 を回避する；を逃れる
0335 ☑ evasion		名 回避

0336		
☑	**prohibit** [prouhíbət]	他 を禁止する；を妨げる
	0337 ☑ **prohibition**	名 禁止

認知・社会

関連用語

☑ direct priming	直接プライミング
☑ indirect priming	間接プライミング
☑ semantic priming	意味的プライミング
☑ perceptual priming	知覚的プライミング
☑ conceptual priming	概念的プライミング
☑ negative priming	ネガティブ・プライミング
☑ prospective memory	展望記憶
☑ retrospective memory	回顧的記憶；回想記憶
☑ reconstruction	再構成
☑ false memory	偽りの記憶；偽記憶

❶ **Inference** is an **attempt** to infer and understand what we do not yet know from what we already know or individual content from general content. **Inductive reasoning** and **deductive reasoning** are commonly known as the major forms of inference. Inductive reasoning is a method of **bringing together multiple** facts and past cases to **draw conclusions**. One example is: we see every day that "grandmother is well" and "grandmother gets up early" and we also read a magazine **article** that says "getting up early **promotes** good health," and then we conclude "getting up early is the reason grandmother is healthy." Deductive reasoning is a method of drawing individual conclusions from universal content. One example is: from the **premises** that "man will one day die" and "Socrates is a man" we then conclude that "Socrates will one day die." Another form of inference is called **analogy**, which is to infer that what is true of one of two similar objects is also true of the other. We know that cows eat grass and have multiple **stomachs**. Buffaloes look a bit like cows and they also eat grass, so we conclude that buffaloes have multiple stomachs.

❷ Some **researchers** have concluded that inference about content familiar in everyday life is more likely to lead to **appropriate** answers than abstract content, which they have called the **thematic material effect**. It is also thought that inference is not necessarily performed following logical rules, but rather is performed by **mental models** that vary **depending on** the situation.

❶　推論とは、すでにわかっていることからまだわかっていないこ
とを、または一般的な内容から個別的な内容を推し量って理解**しよ
うとすること**である。推論の主な形式として、**帰納推論**と**演繹推論**
が一般的に知られている。帰納推論は、**複数**の事実や過去の事例**を
まとめて結論を導く**方法である。一例を挙げると、「祖母は元気で
ある」「祖母は早起きである」ことを毎日目にし、さらに「早起き
は健康**を促進する**」という雑誌**記事**も読んだことから、「早起きが
祖母が元気である理由だ」という結論になる。演繹推論は普遍的な
内容から個別的な結論を導き出す方法である。「人間はいつか死ぬ」、
「ソクラテスは人間である」という**前提**から、「ソクラテスはいつか
死ぬ」と結論づけるものが例として挙げられる。それ以外の推論の
形式としては**類推**と呼ばれるものがあり、類似する2つの対象につ
いて、片方に当てはまることがもう片方にも当てはまると推論する
ことである。牛は草を食べ、複数の**胃**を持っていることを知ってい
る。水牛は牛に少し似ており、草も食べるので、水牛は複数の胃を
持っていると結論づけるのである。

❷　抽象的な内容よりも日常生活で馴染みのある内容についての推
論の方が**適切な**答えを導きやすくなる、と一部の**研究者**は結論づけ
ており、これを**主題化効果**と呼んでいる。推論は必ずしも論理的な
ルールに則って行われるわけではなく、状況**により変化する**メンタ
ル・モデル**によって行われるとも考えられている。

0338	inference (reasoning) [ínfərəns]	名 推論
	0339 infer	他 を推論する；を暗示する
	0340 関 conditional reasoning	条件推論

0341	attempt [ətémpt]	名 試み
		他 を試みる；…しようとする (to do)
	0342 関 dare	他 あえて…する (to)

Ex. A therapist does not dare to make assumptions about a client's needs for psychological support.

「セラピストは心理学的支援へのクライエントのニーズについてあえて憶測しないようにする」

| 0343 | inductive reasoning | 帰納推論 |

| 0344 | deductive reasoning | 演繹推論 |

| 0345 | bring together | 〜をまとめる |

0346	multiple [mʌ́ltəpl]	形 複数の；多様の
	0347 multiply	他 を掛ける；を増やす
	0348 関 multiple regression analysis	重回帰分析

0349 ☑	**draw** [drɔː]	他 を引き出す；を導き出す ；を描く (draw-drew-drawn)
0350 ☑	関 **withdraw**	他 を退かせる；を撤回する
0351 ☑	関 withdrawal	名 ひきこもり
0352 ☑	**conclusion** [kənklúːʒən]	名 結論
0353 ☑	**conclude**	他 と結論を下す
0354 ☑	**article** [áːrtɪkl]	名 記事；項目；論文
0355 ☑	**promote** [prəmóut]	他 を促す；を促進する を助長する
0356 ☑	**promotion**	名 促進；助長
0357 ☑	**premise** [prémɪs]	名 前提
0358 ☑	analogy [ənǽlədʒi]	名 類推
0359 ☑	**analogous**	形 類似した；似ている
0360 ☑	**stomach** [stʌ́mək]	名 胃；腹 (部)

0361	**researcher** [rɪsə́:rtʃər]	名 研究者
0362	research	名 研究；調査 他 を研究する；を調査する
0363	**appropriate** [əpróʊpriət]	形 適切な；適当な
0364	appropriately	副 適切に
0365	inappropriate	形 不適切な；不適当な
0366	thematic material effect	主題化効果
0367	mental model	メンタル・モデル
0368	**depending on ~**	～によって；～に応じて

☑ transduction	転導推理
☑ four-card problem	4枚カード問題
☑ pragmatic reasoning schemas	実用論的推理スキーマ
☑ algorism	アルゴリズム
☑ metacognition	メタ認知
☑ concept formation	概念形成
☑ concept attainment	概念達成
☑ domain specificity	領域固有性
☑ domain generality	領域一般性
☑ divergent thinking	拡散的思考
☑ convergent thinking	収束的思考

認知・社会

補足MEMO

　思考は、「目標を達成するための精神活動」と定義することができ、その中に推論や意思決定、問題解決などが含まれます。心理学においては、問題解決時の洞察に関するケーラー, W.の研究や、子どもの思考および認知の発達に関するピアジェ, J.の研究が有名です。1960年代以降に、人間の認知活動を情報処理の観点から捉える認知心理学が登場すると、思考についての研究はさらに発展しました。人工知能による推論と学習を、人間の推論と対比させることなどを通じて、人間の思考についての理解もさらに深められています。

11 葛藤
Conflict

❶ **Conflict** is the state of being in when we have multiple conflicting **desires** of equal **intensity** and we are **struggling** to decide which desire to fulfill. For example, it applies in a situation where we can't decide whether to have a hamburger steak or grilled fish for dinner. We **tend** to try to avoid conflict situations **as** much **as possible**, because **ongoing** conflicts can lead us to **physical** and mental **discomfort due to frustration**.

❷ Lewin classified conflicts into three types. The first is the **approach-approach conflict**, and the dinner example above applies. The second is the **avoidance-avoidance conflict**, such as feeling study as too much of a **chore** but not wanting to fail in the **examination**, and the third is the **approach-avoidance conflict**, such as wanting to eat a cake but not wanting to get fat. As one of conflict seen in social life, there is **fear of success** where we want to be successful in the company, but we also don't want to be **envied**.

❸ When someone looks sick in front of us, we may feel like we should help them, but if it's nothing, we may have a conflict that it would be **embarrassing** to make a big deal out of it. If there are a lot of people around us at the time, it can create the **bystander effect** where nobody does anything because nobody else does. Because many other people also do nothing, we think it can't be a big deal, and so our conflicts are **relieved**. There is less worry that it could be more dangerous if we do not help the person who looks sick, and a **diffusion of responsibility** occurs.

❶ 葛藤とは、同程度の**強さ**の相反する複数の**欲求**があり、どの欲求を満たすべきかを決め**かねている**状態を指す。例えば、晩御飯をハンバーグにするか焼き魚にするかを決められない状態が当てはまる。葛藤が**続くとフラストレーションのせいで**心身の**不調**が生じることもあるため、人は**できるだけ**葛藤場面を回避しようとする**傾向がある**。

❷ レヴィンは葛藤を3種類に分類した。1つ目は**接近＝接近の葛藤**で、上述の晩御飯の例が該当する。2つ目は、勉強は**億劫**だが**試験**で落第もしたくないといった**回避＝回避の葛藤**であり、3つ目はケーキは食べたいが太りたくないなどの**接近＝回避の葛藤**である。社会生活で見られる葛藤の1つとしては、会社で成功したいが**妬まれる**のも嫌だと思う**成功不安**がある。

❸ 目の前に具合が悪そうな人がいるとき助けた方がいい気もするが、何でもなければ大騒ぎするのも**恥ずかしい**だろうと葛藤することがあるだろう。その時周りに大勢の人が居ると、誰もやらないから誰もが何もしないという**傍観者効果**が生じることがある。他の多くの人も何もしないのだから、大ごとのはずがないと考え、葛藤が**和らいでしまう**のである。具合が悪そうな人を助けなければさらに危険なことになるかもしれないという懸念は薄れ、**責任の分散**が生じる。

☑ make a big deal out of 〜　〜のことで大騒ぎする

0369 ☑	conflict 名[ká:nflɪkt] 動[kənflíkt]	名 葛藤；対立；衝突；紛争 自 対立する；矛盾する
0370 ☑	desire [dɪzáɪər]	名 欲求；願望；欲望 他 を望む
0371 ☑	intensity [ɪnténsəti] 0372 ☑ intense	名 強烈さ；激しさ 形 強烈な；激しい
0373 ☑	struggle [strʌ́gl]	名 奮闘；もがき 自 苦闘する；…しようと努力する（to do）

Ex. She was struggling to control her temper.
「彼女はかんしゃくを必死で抑えようとしていた」

0374 ☑	tend [ténd]	自 …する傾向がある；…しがちである（to do）
0375 ☑	as ～ as possible	できるだけ～

Ex. We used intelligent tests to measure students' intelligence as accurately as possible.
「私たちは生徒の知能をできるだけ正確に測定するために知能テストを用いた」

0376 ☑	**ongoing** [á:ngòuɪŋ]	形 持続している； 進行している
0377 ☑	**physical** [fízɪkl]	形 身体の；物質の；物理的な
	0378 ☑ **physician**	名 医師
	0379 ☑ **physics**	名 物理学
0380 ☑	**discomfort** [dɪskʌ́mfərt]	名 不快感；不調
	0381 ☑ 🔄 **comfort**	名 快適さ；慰め
0382 ☑	**due to ~**	~が原因で；~のせいで
0383 ☑	**frustration** [frʌstréɪʃən]	名 フラストレーション； 欲求不満
	0384 ☑ **frustrated**	形 欲求不満の；いらいら した
0385 ☑	**approach-approach conflict**	接近＝接近の葛藤
0386 ☑	**avoidance-avoidance conflict**	回避＝回避の葛藤

認知・社会

0387 ☑	**chore** [tʃɔːr]	名 面倒な作業；雑用
0388 ☑	**examination** [ɪgzæmənéɪʃən]	名 試験；検査；調査
	0389 ☑ examine	他 を調査する；を検証する
0390 ☑	approach-avoidance conflict	接近＝回避の葛藤
0391 ☑	fear of success	成功不安
0392 ☑	**envy** [énvi]	名 羨望；嫉妬；ねたみ 他 をねたむ
	0393 ☑ envious	形 妬んでいる；うらやましそうな
	0394 ☑ 関 jealousy	名 嫉妬
0395 ☑	**embarrassing** [ɪmbǽrəsɪŋ]	形 恥ずかしい気持ちにさせる；困惑させる
	0396 ☑ embarrass	他 を当惑させる；に恥ずかしい思いをさせる
	0397 ☑ embarrassed	形 当惑した；恥ずかしい
0398 ☑	bystander effect	傍観者効果

0399 ☑	**relieve** [rɪlíːv]	他 を和らげる；を軽減する ；を安心させる
0400 ☑	**relief**	名 安堵；安心；軽減

0401 ☑	diffusion of responsibility	責任の分散（責任の拡散）

関連用語

☑ tension	緊張
☑ annoyance	いらだち
☑ social psychology	社会心理学
☑ group dynamics	集団力学
☑ field theory	場の理論
☑ risky shift	リスキー・シフト
☑ cautious shift	コーシャス・シフト
☑ group decision making	集団意思決定
☑ valence	誘発性
☑ motive to avoid success	成功回避動機
☑ prisoners' dilemma	囚人のジレンマ

補足MEMO

　レヴィン, K.は、1930年代半ばまではゲシュタルト心理学の影響を受けながら、ドイツで場の理論の研究などを行っていました。その後は亡命先のアメリカで、集団力学の研究を行ったり、アクションリサーチやマージナルマンという概念を提唱したりするなど、社会心理学や発達心理学といった幅広い分野で多くの業績を残しました。認知的不協和理論を提唱したフェスティンガー, L.はレヴィンの弟子の一人です。

帰 属
Attribution

❶　To make inferences about causes of personal events and people's behaviors is called **attribution**. The **social psychologist** Heider who first shaped **attribution theory advocated** various **concepts** about **attribution process**. Most **notably**, the concepts of **external attribution** which links causes of events and behaviors to external factors like environment and **internal attribution** which links them to internal factors like character had great influence on later studies of attribution theory.

❷　People sometimes can make **attribution errors** because they can't always make **logical** judgements. When a person draws an inference about causes of other people's behavior, even though the behavior was **determined** based on **situational** factor, it is often the case that you infer that the behavior happened due to the actor's internal factor instead of some situational factor. Attribution of this type is called **fundamental attribution error** because it is what you see very often in the process in which people make **causal attribution**.

❸　The other two types of attribution error are **introduced** below. The first one is **actor-observer bias** in which a cause of some unfavorable behavior is attributed to the internal factor when that was taken by somebody else, and when you are the actor of that, the cause is attributed to the situation. One more type of attribution error is **self-serving attribution** in which you think a cause of what you succeeded in was the internal factor with your **possession** of **talent**, and on the other hand you **blame** what you failed to do on the external factor like company's **lack** of understanding.

❶　身の周りの出来事や人の行動の原因について推論することを**帰属**という。帰属理論を最初に形作った**社会心理学者**のハイダーは、**帰属過程**に関するさまざまな**概念を提唱した**。中でも**特筆すべきは**、出来事や行動の原因を環境などの外的な要因に結びつける**外的帰属**や、それらを性格などの内的な要因に結びつける**内的帰属**の概念が、帰属理論の後の研究に大きな影響を与えたことである。

❷　人はいつでも**論理的な**判断をすることができるわけではないため、**帰属の誤り**を起こすことがある。人が他者の行動の原因を推論する際に、その行動が**状況**要因に基づいて**決定された**ものであったとしても、何らかの状況要因ではなく、その行為者の内的な要因が原因となってその行動が生じたと推論することが多い。この形式の帰属は、人が**原因帰属**を行う過程で非常に頻繁に見られるものであることから**基本的な帰属の誤り**と呼ばれる。

❸　以下にその他の2種類の帰属の誤り**を紹介する**。1つ目の帰属の誤りは、何か望ましくない行動について、他者が行う場合はその原因を内的要因に帰属し、自分が行為者の場合はその原因を状況に帰属する**行為者・観察者バイアス**である。もう1つの帰属の誤りは、自分が成功したことについては、**才能がある**という内的要因が原因と考え、逆に失敗したことについては会社の理解**がない**など外的要因**のせいにする利己的帰属**である。

| 0402 ☑ | **attribution**
[ætrəbjúːʃən] | 名 帰属 |
| | 0403
☑ **attribute** | 他 を…に帰する；
を…のせいにする (to)
名 属性；性質；特性 |

Ex. The boy's withdrawal behaviors are not attributed to his mother's parenting style.

「その少年の引きこもり行動は母親の育て方のせいではない」

| 0404 ☑ | social psychologist | 社会心理学者 |

| 0405 ☑ | attribution theory | 帰属理論 |

| 0406 ☑ | **advocate**
[ǽdvəkèɪt] | 他 を提唱する；を主張する
名 提唱者；主張者 |

| 0407 ☑ | **concept**
[káːnsept] | 名 概念；発想；考え |
| | 0408
☑ ⊜ **notion** | 名 考え；意見 |

| 0409 ☑ | attribution process | 帰属過程 |

| 0410 ☑ | **notably**
[nóʊtəbli] | 副 特に；著しく |
| | 0411
☑ **notable** | 形 注目すべき；著名な |

0412 ⟋	external attribution	外的帰属
0413 ⟋	internal attribution	内的帰属
0414 ⟋	attribution error	帰属の誤り；帰属のエラー
0415 ⟋	**logical** [láːdʒɪkl]	形 論理的な
0416 ⟋	logic	名 論理
0417 ⟋	logically	副 論理的に
0418 ⟋	**determine** [dɪtə́ːrmən]	他 を決定する；を決心する
0419 ⟋	determination	名 決心；決断
0420 ⟋	**situational** [sìtʃuéɪʃənl]	形 状況の
0421 ⟋	situation	名 状況；状態
0422 ⟋	fundamental attribution error	基本的な帰属の誤り；根本的帰属エラー
0423 ⟋	causal attribution	原因帰属

認知・社会

| 0424 ☑ | **introduce**
[ìntrəd(j)úːs] | 他 を紹介する；を導入する |
| | 0425 ☑ **introduction** | 名 紹介；導入 |

| 0426 ☑ | actor-observer bias | 行為者・観察者バイアス |

| 0427 ☑ | self-serving attribution | 利己的帰属 |

| 0428 ☑ | **possession**
[pəzéʃən] | 名 所有 |
| | 0429 ☑ **possess** | 他 を所有する |

| 0430 ☑ | **talent**
[tǽlənt] | 名 才能 |
| | 0431 ☑ **talented** | 形 才能のある |

| 0432 ☑ | **blame**
[bléɪm] | 他 を非難する；のせいにする |
| | | 注 blame A on B (blame B for A)
「AをBのせいにする」 |

Ex. She blamed an error in the presentation of the study's findings on her colleagues.

(She blamed her colleagues for an error in the presentation of the study's findings.)

「彼女は研究結果のプレゼンテーションの失敗を同僚のせいにした」

| 0433 ☑ | **lack**
[lǽk] | 名 不足；欠乏 |

関連用語

☑	misattribution	誤帰属
☑	self-regulation	自己制御
☑	locus of control	統制の所在
☑	self-perception theory	自己知覚理論
☑	correspondent inference theory	対応推論理論
☑	two-factor theory of emotion	情動の二要因理論
☑	causal thinking	因果的思考
☑	cognitive dissonance theory	認知的不協和理論
☑	attitude	態度

補足MEMO

　ハイダー, F.は、ドイツでゲシュタルト心理学の研究を行っていました。その後、1930年にコフカ, K.に招かれてアメリカに渡ってからは、社会的認知について研究し、バランス理論や帰属理論を提唱しました。

　シャクター, S.とシンガー, J.が提唱した情動の二要因理論は、自己の情動についての誤帰属の理論です。この説によると、たとえ同じ生理的刺激を受けたとしても、状況の認知のあり方によって、嬉しい、または悲しいなどの異なる情動が私たちの心の中に喚起されることがあります。

❶ **Bias** is a term which means a point of view leaning to one side. People grasp daily events and things based on their past experience and knowledge. The way of grasping things, that is the framework of **cognition**, is named schema by psychological researchers. If **preconception** and **selfish** judgement get into schema, bias occurs which can make people unable to make fair decisions about things. The typical scheme of specific groups such as nations is called stereotype. In particular, having the **perspective** that includes negative meaning **leading** to discrimination against a specific group is said to be **prejudice**.

❷ One of some biases is **confirmation bias**. It means the tendency to collect only the information supporting the **hypothesis** under test and **ignore** the negative information on it. When your calm judgement becomes impossible because of confirmation bias, you **end up misjudging** things more easily. If you believe that you are poor at soccer, strong **awareness** of that belief could make you **nervous**, which would lead to a mistake during the game, increasing that negative awareness even more than before. This is termed **self-fulfilling prophecy** which is another kind of bias. However, even when your judgement was wrong, as long as you take actions based on your belief that you **are bound to** succeed, that belief can come true and lead the self-fulfilling prophecy to head in a positive direction. The **Pygmalion effect**, in which the school grade of children **taken care of** by teachers who expect them to achieve higher grades tends to be more improved than that of children who are taken care of without that expectation, is also a kind of bias that influences other people.

❶ **バイアス**とは、ある一方に偏った見方を意味する用語である。人は過去の経験や知識に基づいて日常の出来事や物事を捉えている。物事の捉え方、つまり**認知**の枠組みのことを、心理学の研究者たちは、スキーマと名づけている。スキーマの中に**思い込み**や**勝手な**判断が入り込むとバイアスが生じ、それにより人は公正に物事を判断できなくなることがある。民族など特定のグループについての定型的なスキーマはステレオタイプという。特に、特定のグループへの差別に**つながる**否定的な意味合いを含む**見方**をすることを、**偏見**という。

❷ バイアスの１つに、**確証バイアス**がある。これは、検証中の**仮説**を支持する情報ばかりを集め、その仮説に否定的な情報**を無視してしまう**傾向のことである。確証バイアスによって冷静な判断ができなくなると、物事の**判断を誤る結果に陥り**やすくなる。サッカーが苦手だと思っていると、試合中に強い苦手**意識**から**緊張して**失敗につながり、以前よりサッカーに対する苦手意識をさらに強めてしまうことがある。こうした**予言の自己実現**も、バイアスの一種とされる。しかし、もし判断が誤っていたとしても、自分は**必ず**成功**する**という信念に沿って行動しさえすれば、その信念が現実のものとなり、予言の自己実現が肯定的な方向へ向かうこともある。教師が高成績になることを期待して**接した**子どもの成績は、期待しないで接した子どもの成績に比べて向上しやすいという**ピグマリオン効果**も、他人に影響を及ぼすバイアスの一種である。

0434 ☑	bias [báɪəs]	名 バイアス
0435 ☑	cognition [kɑːgníʃən]	名 認知；認識
0436 ☑	cognitive	形 認知の；認知的な
0437 ☑	preconception [priːkənsépʃən]	名 思い込み；予想
0438 ☑	selfish [sélfɪʃ]	形 利己的な；自分勝手な ；わがままな
0439 ☑	perspective [pərspéktɪv]	名 見方；視点；観点
0440 ☑	lead [líːd]	自 他 案内する；通じる； つながる (to)
0441 ☑	prejudice [prédʒədəs]	名 偏見；先入観
0442 ☑	confirmation bias	確証バイアス
0443 ☑ 関	normalcy bias	正常性バイアス
0444 ☑ 関	majority synching bias	多数派同調バイアス

0445 ☑	**hypothesis** [haɪpάːθəsɪs]	名 仮説
	0446 ☑ **hypothesize**	自 仮説を立てる 他 を仮定する
	0447 ☑ **hypothetical**	形 仮説の；仮定の

0448 ☑	**ignore** [ɪgnɔ́ːr]	他 を無視する
	0449 ☑ **ignorance**	名 無知；知らないこと
	0450 ☑ **ignorant**	形 無知な
	0451 ☑ 関 pluralistic ignorance	多元的無知

| 0452 ☑ | **end up ～** | 結局は～になる |

| 0453 ☑ | **misjudge**
[mìsdʒʌ́dʒ] | 他 を誤って判断する |
| | 0454 ☑ **misjudgment** | 名 誤った判断 |

| 0455 ☑ | **awareness**
[əwéərnəs] | 名 意識；認識 |
| | 0456 ☑ **aware** | 形 気づいている；
知っている (of / that 節) |

Ex. Elena was not aware of the possibility that she had an adjustment disorder.

「エレナは自らが適応障害である可能性に気づいていなかった」

0457 ☑	**nervous** [nə́ːrvəs]	形 緊張した；神経質な
0458 ☑	nerve	名 神経；神経過敏

0459 ☑	self-fulfilling prophecy	予言の自己実現

0460 ☑	**be bound to ...**	きっと…する；必ず…する

0461 ☑	Pygmalion effect	ピグマリオン効果

0462 ☑	**take care of ~**	～の世話をする； ～の面倒を見る
0463 ☑	🟰 look after ~	～の世話をする

関連用語

☑ conformity	同調
☑ group pressure	集団圧力
☑ group polarization	集団分極化；集団極性化
☑ obedience	服従
☑ authority	権威
☑ group cohesiveness	集団凝集性
☑ positivity bias	ポジティビティ・バイアス
☑ negativity bias	ネガティビティ・バイアス
☑ attraction	魅力
☑ prosocial behavior	向社会的行動
☑ reciprocal	互恵的；互恵的な

補足MEMO

　アッシュ, S.E.は、当初はゲシュタルト心理学の影響を受けて印象形成の研究などを行いました。その後は、同調に関する実験社会心理学的研究を通じて、他者の判断が個人の判断に影響を及ぼす可能性があることを明らかにしました。

　その後、社会心理学において、同調行動に関するさまざまなバイアスについての研究が行われました。その一例として、他の人と同じように判断し、行動していれば安全であろうと考える多数派同調バイアスがあります。多数派同調バイアスによると、多数派が適切な判断をしている場面では、その判断に同調して行動することが無難な選択肢になります。しかし、多数派の判断が不適切である場合は、それに同調した全員が不利益を被る可能性が生じます。

14 ステレオタイプ
Stereotype

❶ **Stereotype**, which is a term used by the journalist Lippmann, is to take a typological view of all members of a group with preconceived ideas. A group may have characteristics that apply to all members of the group, but a stereotype is an **overly** generalized view of everyone in the group, without **taking account of** the individual characteristics. Prejudice, a concept similar to a stereotype, is generally a negative and fixed view of a group or its members, but a stereotype is a concept that includes not only negative views but also positive views. The group to which we belong is called the **in-group**, and the other group is called the **out-group**. **In-group favoritism** is more likely to occur for members of the in-group, while prejudice, **discrimination**, and negative stereotypes are more likely to occur for members of the out-group.

❷ **Guessing** the whole picture of another person's personality based only on a limited amount of information is called **impression formation**. We have **implicit personality theory** which is **vague** beliefs about characters. The tendency to believe that introverts are **neurotic** is one example of that. Asch experiments show that when judging the impressions of others, we **focus** on the important parts of the information, which he called **central traits**, to form an **overall** impression. **In contrast to** the central traits, he called the information that has relatively little influence on impression formation **peripheral traits**.

❶　**ステレオタイプ**とは、ジャーナリストのリップマンが使用した用語であり、ある集団に属する全成員に対して、先入観を持って類型化した見方をすることである。集団には、その集団内の成員全般に当てはまる特徴が存在することもあるが、その集団に属する全員について、個別性**を考慮に入れ**ず、**過度に**一般化して捉える見方がステレオタイプである。偏見はステレオタイプと類似の概念であり、一般的には集団やその成員に対する否定的で固定化した見方のことだが、ステレオタイプは否定的な見方だけでなく、肯定的な見方も含む概念である。自分たちが所属する集団のことを**内集団**、それ以外の集団を**外集団**という。内集団の成員に対しては**内集団びいき**が生じやすく、外集団の成員に対しては偏見、**差別**、否定的なステレオタイプが生じやすい。

❷　限られた量の情報のみに基づいて、他者のパーソナリティの全体像**を推測する**ことを**印象形成**という。人は、性格に関する**漠然とした**信念である**暗黙の性格観**を持っている。内向的な人は**神経質である**と考える傾向がその一例である。アッシュの実験によると、他者の印象を判断する際に、人は**中心特性**と呼ばれる、情報の中の重要な部分に**着目して全体的な**印象を形作ることがわかった。中心特性**に対して**、印象形成に比較的影響をほとんど及ぼさない情報のことをアッシュは**周辺特性**と呼んだ。

☑ typological　形 類型的な
☑ preconceived idea　先入観
☑ whole picture　全体像

0464 ☑	stereotype [stériətàıp]	名 ステレオタイプ
0465 ☑	**overly** [óuvərli]	副 過度に；非常に
0466 ☑	**take account of ～**	～を考慮する； ～を重視する
0467 ☑	in-group	内集団
0468 ☑	out-group	外集団
0469 ☑	in-group favoritism	内集団びいき
0470 ☑	discrimination [dıskrìmənéıʃən] 0471 ☑ discriminate	名 差別；弁別 他 を差別する；を区別する
0472 ☑	**guess** [gés]	他 を推測する 名 推測
0473 ☑	impression formation	印象形成

0474 ☑	implicit personality theory	暗黙の性格観
0475 ☑	**vague** [véɪg]	形 漠然とした； 曖昧な；不明瞭な
0476 ☑	**neurotic** [n(j)ʊərάːtɪk]	形 神経質な；神経症的な
0477 ☑	**focus** [fóʊkəs]	他 の焦点を合わせる (on) 名 焦点；重点
0478 ☑	central trait	中心特性
0479 ☑	**overall** [óʊvərɔ̀ːl]	形 全体的な 副 全体として；概して
0480 ☑	**in contrast to ~** 0481 ☑ ➖ **by contrast**	~に対して；~と対照的に (前文を受けて) 一方； 対照的に
0482 ☑	peripheral trait	周辺特性

関連用語

☑ stigma	スティグマ
☑ solitude	孤独
☑ socialization	社会化
☑ ethnocentrism	自民族中心主義
☑ social identity theory	社会的アイデンティティ理論
☑ group identification	集団同一視
☑ elaboration likelihood model	精緻化見込みモデル
☑ person perception	対人認知
☑ appearance	見かけ
☑ persuasive	説得的な；説得力のある
☑ sleeper effect	スリーパー効果
☑ reactance	リアクタンス
☑ leniency effect	寛大効果
☑ halo effect	光背効果；ハロー効果

発達

15 愛着
Attachment

❶ Bowlby named the special **emotional connection** between a child and its mother, **attachment**. Once the attachment is built between a mother and a child, the child in the beginning, never wants to leave his mother even for a moment. However, as the child grows, he rarely gets excessively **anxious** even though his mother is not with him all the time. He acquires the ability to go out to places for fun, away from where his mother is, making good use of the position beside his mother as his **secure base**. When the healthy attachment is established between a mother and a child, a child's **exploratory** behavior gets activated, increasing **opportunities** which lead to various experiences. From around 8 months of age, **separation anxiety** begins to appear in children when the mother is absent. However, as children are able to understand that the temporal separation from the attachment object is not an eternal farewell, the intense separation anxiety becomes more **settled**.

❷ In the research conducted at the beginning of the twentieth century, it was shown that children who grew up in orphanages from a young age, more frequently **exhibited** problems such as delay of physical, mental, and emotional **development**. These kinds of problems were called **hospitalism**. Bowlby advanced the research of hospitalism and named the condition in which **mother-infant interaction** can't be properly **obtained maternal deprivation**. Establishment of good mother-infant relationship, especially before the age of 1 year-old or so, is important to have positive influence on children's **subsequent** personality formation and **mental health**. Using the **strange situation procedure** developed by Ainsworth and others makes it possible to **reveal** the types of separation anxiety, the **qualities** of attachment and more.

❶ 子どもと母親との特別な**情緒的結びつき**のことを、ボウルビィは**愛着**と名づけた。母子間に愛着が形成されると、子どもは最初のうちは母親から片時も離れたがらなくなる。しかし子どもが成長するにつれて、常に母親が一緒に居なくても過度に**不安**になることは少なくなる。母親のそばを**安全基地**としてうまく活用しながら、母親が居る所から離れた場所へも遊びに行くことができるようになる。母子間に健全な愛着が築かれると子どもの**探索**行動が活発になり、さまざまな経験をすることに至る**機会**が増える。生後8ヶ月頃から、母親が不在になる際の**分離不安**が子どもに生じ始める。しかし、愛着対象との一時的な分離が、永続的な別離ではないことを理解できるようになるにつれて、激しい分離不安は**収まってくる**。

❷ 20世紀初頭に行われた研究において、幼い頃から施設で育った子どもは、身体的、精神的、情緒的な**発達**の遅れなどの問題がより**見られ**やすいことが明らかとなった。こういった問題は**ホスピタリズム**と呼ばれた。ボウルビィはホスピタリズムの研究を発展させ、**母子相互作用**が適切に**得られ**ない状態を**マターナル・デプリベーション**と名づけた。特に1歳頃までに良好な母子関係を築くことが、子どもの**その後の**パーソナリティ形成や**精神衛生**に肯定的な影響を及ぼすのに重要である。エインズワースらが開発した**ストレンジ・シチュエーション法**を用いると、分離不安の類型や、愛着の**質**など**を明らかにする**ことが可能である。

☑ for a moment　少しの間；一瞬
☑ farewell　图 別れ；送別会
☑ orphanage　图 児童養護施設

0483 ☑	**emotional** [ɪmóuʃənl] 0484 ☑ emotion	形 情動の；情緒的な； 感情の 名 情動；情緒；感情
0485 ☑	**connection** [kənékʃən]	名 つながり；結びつき； 関係
0486 ☑	attachment [ətǽtʃmənt] 0487 ☑ 関 internal working model 0488 ☑ 関 imprinting	名 愛着；アタッチメント 内的作業モデル 名 刷り込み；インプリン ティング；刻印づけ
0489 ☑	**anxious** [ǽŋkʃəs] 0490 ☑ anxiety	形 不安な 名 不安
0491 ☑	secure base 0492 ☑ secure	安全基地 形 安全な；安定した 他 を安全にする；を守る
0493 ☑	**exploratory** [ɪksplɔ́ːrətɔ̀ːri] 0494 ☑ explore 0495 ☑ exploration	形 探検の；探索の 他 を探検する；を調査する 自 探検する；調査する 名 探検；探求

0496 ☑	**opportunity** [àːpərt(j)úːnəti]	名 機会
0497 ☑	separation anxiety	分離不安
0498 ☑	**settled** [sétld]	形 落ち着いている； 　解決している
	0499 ☑ settle	自 落ち着く 他 を落ち着かせる
	0500 ☑ settlement	名 落ち着くこと； 　安定すること；解決
0501 ☑	**exhibit** [ɪgzíbɪt]	他 を示す；を展示する
	0502 ☑ exhibition	名 展示
0503 ☑	**development** [dɪvéləpmənt]	名 発達；開発；発展
	0504 ☑ develop	他 を発達させる；を発展 　させる；を発症する 自 発達する；発展する
0505 ☑	hospitalism [háːspìtlɪzm]	名 ホスピタリズム； 　施設症
0506 ☑	mother-infant interaction	母子相互作用

発
達

0507 ☑	**obtain** [əbtéɪn]	他 を入手する；を獲得する
0508 ☑	maternal deprivation	マターナル・デプリベーション；母性剥奪
0509 ☑	**subsequent** [sʌ́bsɪkwənt]	形 続いて起こる；次の；後の
0510 ☑	mental health （mental hygiene）	精神衛生；メンタルヘルス
0511 ☑	strange situation procedure	ストレンジ・シチュエーション法
0512 ☑	**reveal** [rɪvíːl]	他 を明らかにする；さらけ出す
0513 ☑ ⇔ conceal		他 を隠す
0514 ☑	**quality** [kwɑ́ːləti]	名 質；特性
0515 ☑ ⇔ quantity		名 量

☑	secure type	安定型
☑	avoidant type	回避型
☑	ambivalent type	アンビバレント型
☑	weaning	離乳
☑	psychological weaning	心理的離乳
☑	significant other	重要な他者
☑	separation-individuation	分離個体化
☑	rapprochement	再接近
☑	abandonment depression	見捨てられ抑うつ
☑	basic trust	基本的信頼
☑	mistrust	不信
☑	basic fault	基底欠損
☑	bond	絆
☑	co-dependency	共依存
☑	affect attunement	情動調律
☑	preferential looking method	選好注視法
☑	bereavement	死別；先立たれること
☑	facial expression	表情
☑	mutism	緘黙

発達

16 認知発達論
Cognitive Developmental Theory

❶ The study of **cognitive development** aims to **clarify** such things as how human cognition develops and how cognition is **structured**. Early **representative** theories of cognitive development include those of Piaget and Vygotsky.

❷ Piaget's theory of cognitive development has influenced almost every subsequent study of developmental psychology. One example led to Kohlberg's research on **moral** development. Piaget **proposed** the concept of the schema as a framework of our recognition of things. Then, he called the process **equilibration** in which we **construct** the schema and develop our cognition by repeated **assimilation** and **accommodation**.

❸ In Piagetian theory, children's cognitive development is **categorized** into four developmental stages. These four are the **sensorimotor period**, the **preoperational period**, the **concrete operational period**, and the **formal operational period**. In the sensorimotor period, a reaction is seen called the **circular reaction**, in which children repeat an activity they are interested in over and over again. In the early stages, infants and toddlers simply repeat what they are interested in, but gradually they begin to see how their actions change the object. In the preoperational period, language and thinking become more developed, but **egocentrism** is observed in them. Therefore, they are not able to correctly answer the **three-mountains task** which **requires** them to think from the perspective of others. In the concrete operational period, the concept of **conservation** is **acquired**. By acquiring that, they will be able to understand that the mass of an object does not change even if its shape changes, and they will be able to think logically. In the formal operational period, they are able to think abstractly, and through **decentering** they are able to recognize things objectively.

❶　認知発達の研究は、人の認知がどのように発達するのか、認知がどのような**構造をしている**のかといったこと**を明らかにすること**を目指している。認知発達に関する初期の**代表的な**理論には、ピアジェやヴィゴツキーの理論がある。

❷　ピアジェの認知発達論はその後のほぼすべての発達心理学研究に影響を与えた。一例を挙げるとコールバーグの**道徳的**発達の研究にもつながった。ピアジェは、人が物事を認識する際の枠組みとしてシェマという概念**を提唱した**。そして、彼は**同化**と**調節**を繰り返してシェマ**を構成し**、認知を発達させていく過程を**均衡化**と呼んだ。

❸　ピアジェの理論では、子どもの認知発達は４つの発達段階に**分類されている**。その４つとは、**感覚運動期**、**前操作期**、**具体的操作期**、そして**形式的操作期**である。感覚運動期では**循環反応**という、興味のある活動を何度も繰り返す反応が見られる。乳幼児は、初期は単に関心のあることを繰り返すだけだが、次第に自分の行動によって対象がどう変化するかを確かめるようになる。前操作期に入ると言語や思考がより発達してくるが、**自己中心性**が見られる。そのため、他者の視点に立って考える**必要がある三つ山課題**には正解することができない。具体的操作期に入ると**保存**の概念が**獲得される**。それにより、物の形状が変わっても質量は変わらないといったことを理解できるようになり、論理的に思考することができるようになってくる。形式的操作期では、抽象的に思考することが可能となり、また**脱中心化**を経て客観的に物事を認識できるようになる。

0516 ☑	cognitive development	認知発達

| 0517 ☑ | **clarify** [klǽrəfàɪ] | 他 を明確にする |
| | 0518 ☑ clarification | 名 明確化 |

| 0519 ☑ | **structure** [strʌ́ktʃər] | 他 を構造化する；を構築する 名 構造；組織 |
| | 0520 ☑ structural | 形 構造的な |

| 0521 ☑ | **representative** [rèprɪzéntətɪv] | 形 代表的な 名 代表者 |

0522 ☑	**moral** [mɔ́ːrəl]	名 道徳 形 道徳上の
	0523 ☑ morality	名 道徳性；倫理観
	0524 ☑ 関 morale	名 モラール；士気

0525 ☑	**propose** [prəpóuz]	他 を提案する；を提唱する
	0526 ☑ proposal	名 提案
	0527 ☑ proposition	名 提案；主張；命題

| 0528 ☑ | equilibration [ìːkwɪləbréɪʃən] | 名 均衡化 |

0529 ☑	**construct** [kənstrʌ́kt]	他 を構成する；を構築する ；を建築する
	0530 ☑ construction	名 建築；建設；構造
0531 ☑	assimilation [əsìməléɪʃən]	名 同化
0532 ☑	accommodation [əkὰːmədéɪʃən]	名 調節
0533 ☑	**categorize** [kǽtɪgəràɪz]	他 を分類する
	0534 ☑ category	名 区分；範疇
0535 ☑	sensorimotor period	感覚運動期
0536 ☑	preoperational period	前操作期
0537 ☑	concrete operational period	具体的操作期
0538 ☑	formal operational period	形式的操作期
0539 ☑	circular reaction	循環反応

発達

0540 ☑	egocentrism [ì:gouséntrɪzm]	名 自己中心性
0541 ☑	three-mountains task	三つ山課題

0542 ☑	require [rɪkwáɪər] 0543 ☑ requirement	他 を必要とする； を要求する 注 require A to … 「Aに…するように要求する」 名 必要なもの；必要条件

Ex. The experiment required subjects to fill out a questionnaire which included some scales.

「その実験では被験者はいくつかの尺度を含む質問紙に回答するように求められた」

0544 ☑	conservation [kà:nsərvéɪʃən] 0545 ☑ conserve	名 保存 他 を保存する；を保護する

0546 ☑	acquire [əkwáɪər] 0547 ☑ acquisition	他 を獲得する；を習得する 名 獲得；習得

0548 ☑	decentering (decentralization) [dì:séntəriŋ]	名 脱中心化

☑ information processing approach	情報処理アプローチ
☑ zone of proximal development	発達の最近接領域
☑ perceptual-motor skill	知覚運動スキル
☑ parallel play	並行遊び；平行遊び
☑ growth	成長；発展
☑ animism	アニミズム
☑ object permanence	対象の永続性
☑ mental image	心的イメージ
☑ mental rotation	心的回転
☑ external speech	外言
☑ internal speech	内言
☑ neonate	新生児
☑ preschooler	就学前児童；幼児
☑ chumship	チャムシップ
☑ gang age	ギャングエイジ
☑ juvenile	青少年の；青少年
☑ sibling	きょうだい

発達

17 モデリング
Modeling

❶ **Modeling** is a term, advocated by Bandura, that means the phenomenon in which the observer's behavior changes by observing other people's behavior. The learning theory **prevalent** early in the history of psychology, considered that it's necessary to experience the learning contents yourself or have your behavior given **direct reinforcement** by reward, for a person to learn something. However, Bandura thought that even having only **observational learning** of the behavior of another, who is the model, and its result can establish learning, and **behavior modification** can be created by **vicarious reinforcement**. In other words, he **formulated** a theory that is greatly different from the previous one, that learning can be established without actual **imitation** of the model's behavior. Therefore, Bandura's theory is called **social learning theory** **compared** to the classical learning theory.

❷ As an example of modeling, we can introduce the case of younger students who observed behavior of a senior student which was **admired** by a teacher and have then come to behave in the same way. Thus, you occasionally can acquire the socially preferred behavior and **social skills** by modeling. **Social skills training** into which the program to learn the desired behavior is **incorporated** is sometimes conducted in schools as a method to solve children's **problem behavior**. In addition, the **clinical application** in which their behavioral **abnormality** is **diminished** and they are encouraged to acquire the **adaptive** behavior through modeling is called **modeling therapy**. Mastering appropriate behavior based on the **principle** of **small step** and learning **assertion** as appropriate self-expression lead to development of self-efficacy.

❶　モデリングはバンデューラによって提唱された用語で、他者の行動を観察することで、観察者の行動が変わる現象を意味する。心理学の歴史の初期に**普及していた**学習理論においては、人が何かを学習するためには、学習内容を自ら経験したり、自身の行動が報酬によって**直接強化**される必要があると考えられていた。しかし、バンデューラはモデルとなる他者の行動やその結果を**観察学習**するだけでも学習が成立し、**代理強化**によって**行動変容**が生じ得ると考えた。つまり、モデルの行動を実際に**模倣**しなくても学習が成立し得るという、それまでの理論とは大きく異なる学説**を立てた**のである。そのため、古典的な学習理論**に対して**、バンデューラの学説は**社会的学習理論**と呼ばれている。

❷　モデリングの例として、学校の中で上級生が取ったある振る舞いが先生に**褒められた**のを見て、下級生が同じように行動するようになるといったことが挙げられる。このようにモデリングによって、社会的に望ましい行動や**ソーシャルスキル**が身につくことがある。児童の**問題行動**を解決する方法として、望ましい行動を学習するプログラム**を取り入れた**ソーシャルスキルトレーニングが学校で実施されることがある。また、モデリングを通じて、行動**異常を減**らし、**適応的**行動を獲得することを目指す**臨床的応用法**を**モデリング療法**という。適切な行動を**スモールステップ**の**原理**に基づいて習得することや、適切な自己表現としての**アサーション**を学習することは、自己効力感の向上につながる。

発達

☑ self-expression　图 自己表現

0549 ☑	modeling [máːdəlɪŋ]	名 モデリング
0550 ☑	**prevalent** [prévələnt]	形 広く行きわたっている ；普及している
0551 ☑	prevail	自 普及する；流行する
0552 ☑	prevalence	名 普及；流行；有病率
0553 ☑	direct reinforcement	直接強化
0554 ☑	observational learning	観察学習
0555 ☑	behavior modification	行動変容
0556 ☑	vicarious reinforcement	代理強化
0557 ☑	**formulate** [fɔ́ːrmjəlèɪt]	他 を組み立てる；を策定する ；を明確に述べる
0558 ☑	formulation	名 策定；体系化；明確化
0559 ☑	imitation [ìmətéɪʃən]	名 模倣
0560 ☑	imitate	他 を模倣する

0561 ☑	social learning theory	社会的学習理論
0562 ☑	**compare** [kəmpéər]	他 を比較する；に匹敵する 注 compared to 〜 「〜と比較して」
0563 ☑	comparison	名 比較；匹敵
0564 ☑	**admire** [ədmáɪər]	他 を称賛する；に感心する
0565 ☑	admiration	名 称賛；感嘆
0566 ☑	social skill	ソーシャルスキル
0567 ☑	social skills training	ソーシャルスキルトレーニング
0568 ☑	**incorporate** [ɪnkɔ́:rpərèɪt]	他 を取り入れる；を組み入れる
0569 ☑	problem behavior	問題行動
0570 ☑	関 aggressive behavior	攻撃行動
0571 ☑	関 aggression	攻撃性

発達

0572	clinical [klínɪkl]	形 臨床の；臨床的な

0573	application [æ̀plɪkéɪʃən]	名 応用；適応
0574	apply	自 当てはまる（to）； 申し込む（for） 他 を適用する

0575	abnormality [æ̀bnɔːrmǽləti]	名 異常；変調；障害
0576	abnormal	形 異常な

0577	diminish [dɪmínɪʃ]	他 を減らす；を少なくする

0578	adaptive [ədǽptɪv]	形 適応できる；順応できる
0579	adapt	他 を適応させる； を順応させる
0580	adaptation	名 適応；順応

0581	modeling therapy	モデリング療法

0582 ☑	**principle** [prínsəpl]	名 原則；原理；規範
	0583 ☑ **principal**	名 校長；主役
		形 主要な

| 0584 ☑ | small step | スモールステップ |

| 0585 ☑ | assertion [əsə́:rʃən] | 名 アサーション |
| | 0586 ☑ assertive | 形 アサーティブ；主張的な |

発達

関連用語

☑ attentional process	注意過程
☑ retention process	保持過程
☑ motor reproduction process	運動再生過程
☑ motivational process	動機づけ過程
☑ contingency control	随伴性コントロール
☑ introjection	取り入れ
☑ peer	仲間；同僚

補足MEMO

　観察学習や代理強化の研究で知られるバンデューラ, A.は、社会的学習理論や社会的認知の研究発展に貢献しました。彼が提唱したモデリングは、模範的な行動を観察学習すれば、適応的行動の獲得につながるというものです。しかしその反面、子どもたちが友人の非行を目にする機会があれば、非適応的な行動を身につけてしまう可能性もあります。

18 発達障害
Developmental Disorder

❶ **Developmental disorders** are mainly classified into **autism spectrum disorder**, **specific learning disorder** and **attention-deficit hyperactivity disorder**. The generally common characteristic among developmental disorders is the imbalance in various abilities, therefore, people with developmental disorders often show appreciable strength and weakness. Furthermore, **symptoms** of developmental disorders usually appear at an early age.

❷ About autism spectrum disorder, Wing noted three characteristics; disorders of sociability, communication ability and **imagination**. In 1943, Kanner **published** his paper on classic autism, and then autism was categorized as one of the **pervasive developmental disorders** in the international **diagnostic** criteria, DSM-IV with the term 'autistic disorder'. Pervasive developmental disorders include disorders such as **Asperger's disorder** which has relatively mild symptoms but holds similar characteristics to autism. In DSM-5, 'autism spectrum disorder' is adopted as the diagnostic name, which recognizes the nature of autism as a **continuous** spectrum.

❸ Specific learning disorder is **defined** as experiencing difficulties in daily life because of significant weakness only in an ability for a particular subject. The diagnostic name was termed 'learning disorder' in DSM-IV, but the term 'specific' was added in DSM-5 to avoid the impression that it only meant being generally poor at school study.

❹ The characteristics of attention-deficit hyperactivity disorder are **inattention**, **hyperactivity,** and **impulsivity**. The symptoms, inattention and hyperactivity sometimes appear together and at other times only one appears markedly.

❶　発達障害は、主に**自閉症スペクトラム障害**、**限局性学習障害**、**注意欠如・多動性障害**に大別される。発達障害全般に通じる特徴はさまざまな能力の偏りであり、したがって発達障害を持つ人は長所短所がはっきりしていることがよくある。また発達障害の**症状**は、幼い頃から現れることが多い。

❷　ウィングは、自閉症スペクトラム障害について、社会性の障害、コミュニケーション能力の障害および**想像力**の障害という３つの特徴を挙げた。1943年にカナーが古典的な自閉症に関する論文を**発表し**、その後自閉症は「**自閉性障害**」という名称で国際**診断**基準のＤＳＭ－Ⅳの**広汎性発達障害**の１つに分類された。広汎性発達障害には、比較的軽度の症状だが自閉症と類似の特徴を持つ**アスペルガー障害**などの障害が含まれる。ＤＳＭ－５では、自閉症の特質を**連続した**スペクトラムとして捉える「自閉症スペクトラム障害」が診断名として採用されている。

❸　限局性学習障害は、特定の科目における能力だけが著しく低いため、日常生活に困難が生じるものと**定義される**。ＤＳＭ－Ⅳにおいて、その診断名は「**学習障害**」と記載されていたが、単に勉強全般が苦手であることを意味している印象を回避するため「限局性」という言葉がＤＳＭ－５で追加された。

❹　注意欠如・多動性障害の特徴は、**不注意**や**多動性**、**衝動性**である。不注意と多動性と両方の症状が見られることもあれば、どちらかの症状だけが目立つこともある。

☑ appreciable　 形 はっきりわかる

0587 ☑	developmental disorder	発達障害
0588 ☑	autism spectrum disorder	自閉症スペクトラム障害 （自閉スペクトラム症）
0589 ☑	specific learning disorder	限局性学習障害 （限局性学習症）
0590 ☑	attention-deficit hyperactivity disorder (ADHD)	注意欠如・多動性障害 （注意欠如・多動症）

0591 ☑	**symptom** [símptəm]	名 症状；兆候
	0592 ☑ ⊜ sign	名 兆候；合図

0593 ☑	**imagination** [ɪmædʒənéɪʃən]	名 想像（力）
	0594 ☑ imagine	自 他 想像する
	0595 ☑ imaginative	形 想像の；想像力に富んだ

0596 ☑	**publish** [pʌ́blɪʃ]	他 を出版する；を発行する
	0597 ☑ publication	名 出版；発行；出版物
	0598 ☑ publisher	名 出版社

0599 ☑	pervasive developmental disorder	広汎性発達障害
0600 ☑	**diagnostic** [dàɪəgnɑ́ːstɪk]	形 診断の
0601 ☑	diagnosis	名 診断
0602 ☑	diagnose	他 を診断する
0603 ☑	autistic disorder	自閉性障害
0604 ☑	関 autism	名 自閉症；自閉
0605 ☑	Asperger's disorder	アスペルガー障害
0606 ☑	**continuous** [kəntínjuəs]	形 連続した；絶え間ない 継続的な
0607 ☑	continue	自 続く 他 を続ける
0608 ☑	**define** [dɪfáɪn]	他 を定義する
0609 ☑	definite	形 はっきりとした； 明確な；一定の
0610 ☑	definitely	副 明確に；絶対に
0611 ☑	definition	名 定義

発達

0612 ☑	**learning disorder** (learning disability)	学習障害
0613 ☑	**inattention** [ìnəténʃən]	名 不注意
0614 ☑	**hyperactivity** [hàɪpəræktívəti]	名 多動性
0615 ☑	**impulsivity** [ìmpʌlsívəti]	名 衝動性

補足MEMO

　ＤＳＭ－Ⅳで用いられていたアスペルガー障害という診断名は、オーストリアの小児科医アスペルガー, H.の名前に由来します。アスペルガー障害を有する人は、人間関係が不得意で、また何かに固執する傾向が強いのですが、得意分野では飛び抜けた力を発揮する人もいます。自閉症スペクトラム障害に限らず、発達障害を有する人は能力の偏りがあるだけに、長所を活かすことができれば、大きく活躍できる場面も少なくはないのです。

関連用語

☑	neurodevelopmental disorders	神経発達障害群
☑	infantile autism	早期幼児自閉症
☑	preoccupation	没頭；夢中
☑	perseverance	固執
☑	fantasy	ファンタジー
☑	face recognition	顔認識
☑	mental retardation (intellectual disability)	精神遅滞（知的能力障害）
☑	dyslexia	失読症
☑	disorder of written expression	書字表出障害
☑	mathematics disorder	算数障害
☑	developmental coordination disorder	発達性協調運動障害
☑	stereotypic movement disorder	常同運動障害
☑	tic disorders	チック障害群
☑	comorbidity	同時罹患；併発
☑	onset	開始；始まり；発症
☑	typical development	定型発達
☑	special needs education	特別支援教育
☑	temper	気質；かんしゃく
☑	tantrum	かんしゃく

19 心 の 理 論
Theory of Mind

❶ In order to understand the reasons for other people's behavior, we first need to infer how they see things or how they think. Children in **infancy and early childhood** are not yet able to **comprehend** that others may think differently from them and are not able to understand the feelings of others well. This cognitive framework for understanding and reference about the human mind is called the **theory of mind**.

❷ Acquiring the ability to understand things from another person's point of view is called **perspective-taking**. Piaget's experiment with the three mountains task is a well-known example of the study of this process. Based on such research, **false belief tasks** such as the **Sally-Anne task** and the **Smarties task** have been created and used to see if a theory of mind is being acquired. In order to answer false belief tasks correctly, children need to understand the following: what they know is not always what others also know, and others act on the basis of their **beliefs**.

❸ Most children are able to pass false belief tasks from around the age of four, but children with autism spectrum disorders may not be able to pass the tasks successfully until around the age of nine. Children who do not have a proper understanding of the theory of mind are often seen as **deficient** in **empathy** and **sociability**, as they are less able to perceive the emotion of others. They are unable to change their behavior **according to** the situation, such as not talking to someone who seems to be in a bad mood, and they can get into trouble in **interpersonal relationships**.

❶　他者の行動の理由を理解するためには、まずその人のものの見方や考え方を推測する必要がある。**乳幼児期**の子どもは、他者が自分とは異なる考え方をするかもしれないというの**を理解する**ことがまだできず、他の人の気持ちをうまく汲み取ることができない。こうした人の心の理解や推論に関する認知的枠組みを**心の理論**という。

❷　他者の視点に立って物事を理解する能力を獲得することを**視点取得**という。ピアジェの三つ山課題を用いた実験が、この過程の有名な研究例である。そうした研究を踏まえて、**サリーとアンの課題**や**スマーティ課題**などの**誤信念課題**が作成され、心の理論を獲得できているかを確かめるために使用されてきた。誤信念課題に正答するためには、子どもが以下のことを理解している必要がある。自分が知っている内容を他者も知っているとは限らないことや、他者は他者の**信念**に基づいて行動するということである。

❸　多くの子どもは4歳頃から誤信念課題を通過できるようになるが、自閉症スペクトラム障害の子どもは9歳頃になるまで課題をうまく通過できないことがある。心の理論を適切に理解できていない子どもは、他者の感情を察することが苦手であるため、**共感性や社会性**が**不足している**と見られがちである。機嫌が悪そうな人には話しかけないでおくといった、状況に**応じて**行動を変えることができず、**対人関係**のトラブルに巻き込まれることがある。

0616 ☑	infancy and early childhood	乳幼児期
0617 ☑	**comprehend** [kà:mprɪhénd]	他 を理解する；を含む
0618 ☑	comprehensive	形 理解力のある；包括的な ；全体的な；広範囲の
0619 ☑	comprehension	名 理解；理解力
0620 ☑	theory of mind	心の理論
0621 ☑	関 dysfunction in theory of mind	心の理論の障害
0622 ☑	perspective-taking	視点取得
0623 ☑	false belief task	誤信念課題
0624 ☑	Sally-Anne task	サリーとアンの課題
0625 ☑	Smarties task	スマーティ課題
0626 ☑	belief [bəlíːf]	名 信念；考え

0627 ☑	**deficient** [dɪfíʃənt]	形 不足した
0628 ☑	deficiency	名 不足；欠乏
0629 ☑	関 deficiency needs	欠乏欲求
0630 ☑	empathy [émpəθi]	名 共感；共感性
0631 ☑	empathize	自 共感する
0632 ☑	empathic	形 共感的な；共感できる
0633 ☑	関 sympathy	名 同情
0634 ☑	sympathize	自 同情する
0635 ☑	sympathetic	形 同情的な；思いやりの ある
0636 ☑	sociability [sòuʃəbíləti]	名 社会性；社交性
0637 ☑	**according to ~**	~に従って；~によると
0638 ☑	⊜ on the basis of ~	~に基づいて
0639 ☑	interpersonal relationships	対人関係
0640 ☑	関 interpersonal behavior	対人行動

発達

関連用語

☑	joint attention	共同注意
☑	social referencing	社会的参照
☑	nine-month-revolution	9ヶ月革命
☑	index-finger pointing	指さし
☑	naive conception	素朴概念
☑	mentalization	メンタライゼーション
☑	altruism	愛他性
☑	altruistic behavior	愛他的行動
☑	sentiment	情操；感情
☑	basic emotion	基本感情
☑	display rule	表示規則
☑	anger	怒り
☑	terror	恐怖；脅威
☑	shame	恥；恥ずかしさ

補足MEMO

　スイス生まれの心理学者であるピアジェ, J.は、子どもの知能や認知の発達について数多くの研究を行いました。彼は、三つ山課題を用いた研究などを通じて、自己中心性や脱中心化の概念を提唱しました。子どもが世界をどのように認知しており、そしてその認知がどのように発達するかについての理解を深めたのです。ピアジェの研究は、その後の心の理論の研究にもつながり、子どもの社会性の発達を理解する上でも大きな影響を与えました。

第 **4** 章

知能・
パーソナリティ

20 知能
Intelligence

❶ **Intelligence** is one of the essential abilities of **living organisms** to adapt to their environment and mainly consists of three components: the ability to obtain information, the ability to learn from experience and the ability to think and reason appropriately. The scientific study of intelligence began with Galton's study in the late 19th century. Galton made a statistical study of the **individual differences** between us. Based on studies of families that had produced **geniuses**, he believed that intelligence was inherited and advocated eugenics.

❷ It was the **psychiatrist** Binet who first established the **methodology** of measuring intelligence. At the beginning of the 20th century, many children in France were unable to adapt to schooling. Then, the Binet-Simon intelligence scale was developed as a method of identifying children who were suitable for general education in large groups. Later, Terman adopted the **Binet test** to the United States, where he introduced the concept of **intelligence quotient (IQ)** to **intelligence test**.

❸ The study of the structure of intelligence has been greatly **enhanced** by the use of **factor analysis**. Spearman proposed a **two-factor theory of intelligence**, **postulating** a **general factor** and a **specific factor**. Thurston developed the **multiple-factor theory**, which classified intelligence into seven factors: verbal comprehension, word-fluency, number, space, memorizing, perceptual speed and reasoning. Cattell divided intelligence into two broad categories: **fluid intelligence** and **crystallized intelligence**.

❹ The question of whether individual differences in intelligence and personality are due to **heredity** or **environment** has been debated in various **disciplines**. In psychology, the **nativism**, **empiricism** and **convergence theory** have been proposed, but the **interactional view** is now the mainstream.

❶　知能とは**生物**が環境に適応するために欠かせない能力の１つであり、情報を得る能力、体験から学ぶ能力、適切に思考し推理する能力という３つの要素で主に構成される。知能の科学的研究は、19世紀後半のゴールトンの研究から始まった。ゴールトンは、人の**個人差**を統計的に研究した。また、**天才**を輩出した家系の研究に基づき、知能は遺伝すると考え、優生学を提唱した。

❷　知能測定の**方法論**を最初に確立したのは**精神医学者**のビネーであった。20世紀初頭のフランスでは学校教育に適応できない子どもが多かった。そこで、大人数で行う普通教育に適している子どもを見分ける方法として、ビネー＝シモン知能検査が作成された。その後ターマンは、**ビネー式知能検査**をアメリカでも取り入れ、そして**知能検査**に**知能指数（IQ）**の概念を導入した。

❸　知能の構造に関する研究は、**因子分析**を用いることで大きく**発展した**。スピアマンは**知能の二因子説**を提唱し、**一般因子**と**特殊因子を仮定した**。サーストンは、**多因子説**を展開し、知能を言語理解、語の流暢性、数、空間、記憶、知覚速度、推理の７因子に分類した。キャッテルは知能を**流動性知能**と**結晶性知能**の２つに大別した。

❹　知能やパーソナリティの個人差が**遺伝**によるものか**環境**によるものかという問いが、さまざまな**学問領域**で議論されてきた。心理学では**生得説**、**経験説**や**輻輳説**が提唱されてきたが、現在は**相互作用説**が主流となっている。

☑ eugenics　名優生学
☑ Binet-Simon intelligence scale　ビネー＝シモン知能検査
☑ verbal comprehension　言語理解　　☑ perceptual speed　知覚速度
☑ word-fluency　語の流暢性　　☑ reasoning　名推理
☑ memorizing　名記憶　　☑ mainstream　名主流；本流

0641	intelligence [ɪntélɪdʒəns]	名 知能
0642	**living organism**	生物
0643	⊜ creature	名 生物
0644	individual differences	個人差
0645	genius [dʒíːnjəs]	名 天才；才能
0646	psychiatrist [saɪkáɪətrɪst]	名 精神科医
0647	methodology [méθədúːlədʒi]	名 方法論
0648	method	名 方法
0649	Binet test	ビネー式知能検査
0650	intelligence quotient (IQ)	知能指数
0651	intelligence test	知能検査

| 0652 ☑ | **enhance**
[ɪnhǽns] | 他 を高める；を強める |
| | 0653 ☑ enhancement | 名 強化；増強；増大 |

| 0654 ☑ | factor analysis | 因子分析 |

| 0655 ☑ | two-factor theory of intelligence | 知能の二因子説 |

| 0656 ☑ | **postulate**
[pάːstʃəlèɪt] | 他 を仮定する；を前提とする |
| | 0657 ☑ 🔁 presuppose | 他 を仮定する；を前提とする |

| 0658 ☑ | general factor | 一般因子；g因子 |

| 0659 ☑ | specific factor | 特殊因子；s因子 |

| 0660 ☑ | multiple-factor theory | 多因子説 |

| 0661 ☑ | fluid intelligence | 流動性知能 |

| 0662 ☑ | crystallized intelligence | 結晶性知能 |

知能・パーソナリティ

0663	heredity [hərédəti]	名 遺伝
	0664 hereditary	形 遺伝性の；遺伝的な
0665	environment [ɪnváɪərnmənt]	名 環境
	0666 environmental	形 環境の
0667	**discipline** [dísəplən]	名 学問（分野）；領域； 規律；訓練
0668	nativism [néɪtɪvìzm]	名 生得説
0669	empiricism [ɪmpírəsìzm]	名 経験説
0670	convergence theory	輻輳説
0671	interactional view	相互作用説

- ☑ structure-of-intellect model　　知性の構造モデル
- ☑ theory of multiple intelligences　多重知能理論
- ☑ triarchic theory of intelligence　知能の鼎立理論
- ☑ academic achievement　　学力
- ☑ achievement quotient　　成就指数
- ☑ mental age　　精神年齢
- ☑ chronological age　　生活年齢
- ☑ deviation IQ　　偏差知能指数；偏差IQ
- ☑ verbal IQ　　言語性知能指数；言語性IQ
- ☑ performance IQ　　動作性知能指数；動作性IQ
- ☑ full scale IQ　　全検査知能指数；全検査IQ
- ☑ linguistic　　言語的な；言語学の
- ☑ examiner　　検査者
- ☑ Wechsler Adult Intelligence Scale　　WAIS（ウェイス）
- ☑ Wechsler Intelligence Scale for Children　WISC（ウィスク）

21 自己概念
Self-concept

❶ **Self-concept** is a description or **evaluation** by ourselves of our own characteristics, such as **character** and abilities. Our self-concept is shaped by our past and future experiences and is constantly changing. What others say and do to us and what they judge us also have a big impact on our self-concept. James divided the **self** into the **self as knower (I)** and the **self as known (me)**, and further classified the self as known into the **material Self**, the **social Self** and the **spiritual Self**. The material Self includes our body, clothes, family and **property**. The social Self refers to the self-image formed on the basis of the image that others have of us. Additionally, the spiritual Self includes our character and values.

❷ When there is a **discrepancy** between the **ideal self** that we would like to be and the actual self-concept, **self-evaluation** is likely to **decline**. The decline in self-evaluation can also lead to the decline in **self-confidence**, **self-esteem** and **self-efficacy**. Self-esteem is the feeling that we are a **worthy** person, and self-efficacy is the feeling that we are acting independently and that we are meeting the **expectations** of those around us in an appropriate way.

❶　**自己概念**とは、**性格**や能力といった自身の特徴に関する、自分による記述や**評価**のことである。自己概念は、過去および未来の経験によって形作られ、常に変化していく。自分に対する他者の言動や評価も、自己概念に大きな影響を与える。ジェームズは、**自己**を**主体としての自己** (I) と**客体としての自己** (me) に分け、さらに客体としての自己を、**物質的自己**、**社会的自己**、そして**精神的自己**に分類した。物質的自己には、身体、衣服、家族、**財産**などが含まれる。社会的自己は、他者が自分に対して抱くイメージに基づいて形成された自己イメージを指す。さらに精神的自己には、自分の性格や価値観などが含まれる。

❷　自分がこうありたいと思う**理想自己**と、実際の自己概念に**相違**があると、**自己評価**が**低下**しやすい。自己評価の低下は、**自信**、**自尊心**や**自己効力感**の低下にもつながる。自尊心とは、自分のことを**価値ある**人間だと思える感覚のことであり、自己効力感とは、自分が主体的に行動しており、周囲の**期待**に適切な形で応えられているという感覚のことである。

0672 ☑	**self-concept**	名 自己概念
	0673 ☑ 関 self-disclosure	名 自己開示
	0674 ☑ 関 self-consciousness	名 自己意識

| 0675 ☑ | **evaluation** [ɪvæ̀ljuéɪʃən] | 名 評価 |
| | 0676 ☑ evaluate | 他 を評価する |

0677 ☑	character [kǽrəktər]	名 性格；（登場）人物；特徴；特色；文字
	0678 ☑ characteristic	名 特徴；特性 形 特有の；特徴的な
	0679 ☑ characterize	他 を特徴づける

| 0680 ☑ | self [sélf] | 名 自己 |

| 0681 ☑ | self as knower (I) | 主体としての自己 (I) |

| 0682 ☑ | self as known (me) | 客体としての自己 (me) |

| 0683 ☑ | material Self | 物質的自己 |

| 0684 ☑ | social Self | 社会的自己 |

0685 ☑	spiritual Self	精神的自己
0686 ☑	**property** [prá:pərti]	名 財産；特性；特質
	0687 ☑ proper	形 適切な；きちんとした ；特有の
	0688 ☑ properly	副 適切に；きちんと
0689 ☑	**discrepancy** [dɪskrépənsi]	名 不一致；相違； ディスクレパンシー
0690 ☑	ideal self	理想自己
0691 ☑	self-evaluation	名 自己評価
0692 ☑	**decline** [dɪkláɪn]	自 減少する；低下する； 衰える 他 を断る 名 減少；低下；衰退
0693 ☑	self-confidence	名 自信
	0694 ☑ ⊜ confidence	名 自信；信頼
	0695 ☑ confident	形 自信のある

| 0696 ☑ | **self-esteem** | 名 自尊心；自尊感情 |
| | 0697 ☑ **=** self-worth | 名 自尊心；自尊感情 |

| 0698 ☑ | self-efficacy | 名 自己効力感 |

| 0699 ☑ | **worthy**
[wə́ːrði] | 形 価値のある；立派な |
| | 0700 ☑ worth | 前 ～の価値がある；～に
値する（be worth …ing） |

Ex. The increase of conforming behavior during emergencies is worth studying scientifically.

「非常事態における同調行動の増加は科学的に研究するに値する」

0701 ☑	**expectation** [èkspektéɪʃən]	名 期待
	0702 ☑ expectancy	名 期待；予期
	0703 ☑ **=** anticipation	名 期待；予期
	0704 ☑ anticipatory	形 予期しての
	0705 ☑ 関 expectation anxiety	予期不安

☑ James-Lange theory	ジェームズ・ランゲ説
☑ Cannon-Bard theory	キャノン・バード説
☑ social interaction	社会的相互作用
☑ predisposition	素質；傾向
☑ individuation	個性化
☑ autobiographical	自伝的な；自伝の
☑ intersubjectivity	間主観性
☑ mentality	精神性；心性

補足MEMO

アメリカの心理学者であるジェームズ, W.は、自己の研究の他、ジェームズ・ランゲ説を唱えた人物としても知られています。この説では、人は刺激を受けると感情が生じ、それにより身体反応が引き起こされるのではなく、刺激が身体反応を引き起こし、それが脳に伝達されることで感情が生じると考えます。「悲しいから泣くのではなく、泣くから悲しい」という言葉が有名です。

知能・パーソナリティ

❶　**Motivation** is the process that stimulates human behavior and becomes the driving force that makes the behavior continue.　Motivation has two factors, **drive** and **incentive**.　The former refers to personal and internal factors such as hunger and thirst, and the latter refers to external factors that **induce** behavior, for example favorite foods and tips.　In **drive reduction theory**, it was considered that people didn't take their behavior to satisfy their drive until it was caused.　It was later considered that humans have **nature** to try to **voluntarily interact** with their environment and develop themselves even though they are not dissatisfied with something, or not compelled to do that by someone else.　This is called **intrinsic motivation** and includes **epistemic curiosity**.　The **undermining effect** involved in these motivations is the phenomenon in which **willingness** to act voluntarily is reduced by receiving the reward that reinforces **extrinsic motivation** for the intrinsically motivated behavior.

❷　Maslow thought that humans are creatures that have the motivation to try to continuously develop themselves aiming for **self-actualization**.　He categorized human needs based on the idea and advocated the **hierarchy of needs theory**.　The bottom level relates to **primary needs** which are **innate**. The higher levels relate to **secondary needs** which are acquired by experiences. The self-actualization, as advocated by Maslow, means that humans **bloom** the **inherent** potential in them based on **growth needs**, and **fulfill** their missions. However, there are very few people who can fully achieve self-actualization, it is therefore important to have will to **strive** for self-actualization.

❶　**動機づけ**とは、人の行動を喚起し、その行動を持続させる原動力となる過程である。動機づけの要因には、**動因と誘因**の2つがある。前者は空腹感やのどの渇きといった個人の内的要因であり、後者は行動**を誘発する**外的要因のことで、例えば好きな食べ物やチップのことである。**動因低減説**では、人は動因が生じて初めて、動因を満足させるために行動を起こすと考えられていた。その後、人は何か不満が生じたり、誰かに強制されたりしなくても、**自発的に**環境と**関わり**、成長しようとする**性質**を持つと考えられるようになった。これは**内発的動機づけ**と呼ばれ、**知的好奇心**が含まれる。こうした動機づけに関連する**アンダーマイニング効果**とは、内発的に動機づけられた行動に対して、**外発的動機づけ**を強化する報酬を与えられることで、自発的に行動する**意欲**が低下する現象のことである。

❷　マズローは、人間は**自己実現**に向かって常に成長しようとする動機づけを持つ生き物であると考えた。彼はその考えに基づいて人の欲求を分類し、**欲求階層説**を提唱した。基底にある層は**生得的に備わる一次的欲求**に関するものである。高次の層は、経験により獲得される**二次的欲求**に関連している。マズローが提唱する自己実現とは、人が**成長欲求**に基づいて自己に**内在する**可能性**を開花させ**、自分の使命**を達成する**ことを意味する。とはいえ、自己実現を完全に達成できる人はとても少なく、それゆえに自己実現に向かって**努力する**意志を持つことが重要である。

▱ mission　图 使命；任務

0706	motivation [mòʊtəvéɪʃən]	名 動機づけ； モチベーション
	0707 motive	名 動機
	0708 **motivate**	他 を動機づける

| 0709 | drive
[dráɪv] | 名 動因 |

| 0710 | incentive
[ɪnséntɪv] | 名 誘因 |

| 0711 | induce
[ɪnd(j)úːs] | 他 を誘発する；を誘導する |
| | 0712 関 induced movement | 誘導運動 |

| 0713 | drive reduction theory | 動因低減説 |

| 0714 | nature
[néɪtʃər] | 名 性質；本質；生まれ |
| | 0715 nurture | 名 育成；育ち
他 を育てる |

| 0716 | voluntarily
[vàːləntérəli] | 副 自発的に |
| | 0717 involuntarily | 副 無意識に |

0718 ☑	**interact** [ìntərǽkt]	自 (相互に) 作用する
	0719 ☑ interaction	名 交互作用；相互作用
	0720 ☑ **interactive**	形 相互に作用する
0721 ☑	intrinsic motivation	内発的動機づけ
0722 ☑	epistemic curiosity	知的好奇心
0723 ☑	undermining effect	アンダーマイニング効果
0724 ☑	**willingness** [wíliŋnəs]	名 意欲
0725 ☑	extrinsic motivation	外発的動機づけ
0726 ☑	self-actualization (self-realization)	名 自己実現
0727 ☑	hierarchy of needs theory	欲求階層説
0728 ☑	primary need	一次的欲求

知能・パーソナリティ

0729	**innate** [ɪnéɪt]	形 生得的な；生まれつきの
0730	secondary need	二次的欲求
0731	**bloom** [blúːm]	他 を開花させる 自 開花する 名 花
0732	**inherent** [ɪnhíərənt]	形 内在する；固有の
0733	inherit	他 を遺伝で受け継ぐ
0734	growth needs	成長欲求
0735	**fulfill** [fʊlfíl]	他 を実現する；を満たす
0736	fulfillment	名 実現；満足
0737	**strive** [stráɪv]	自 努力する；戦う

☑	enhancing effect	エンハンシング効果
☑	achievement motivation	達成動機
☑	affiliation motivation	親和動機
☑	physiological needs	生理的欲求
☑	safety needs	安全の欲求
☑	belonging and love needs	所属と愛情の欲求
☑	esteem needs	自尊と承認の欲求
☑	self-actualization needs	自己実現の欲求
☑	functional autonomy	機能的自律性
☑	affect	情動
☑	shyness	シャイネス
☑	hostility	敵意
☑	malicious	悪意のある；意地の悪い

知能・パーソナリティ

補足MEMO

　マズロー, A.H.は、学生時代はハーロウ, H.F.のもとでア
カゲザルの研究を行っていました。その後は、ゲシュタルト
心理学や精神分析などの考えに触れ、次第に動物の欲求から
人間の欲求を研究するようになり、欲求階層説を提唱しまし
た。彼は人間のことを、健康的で、成長しようとする動機づ
けを持つ存在と捉え、ロジャーズ, C.R.と共に人間性心理学の
潮流を生み出しました。

23 類型論・特性論
Typology and Trait Theory

❶ **Typology** and **trait theory** are the **theoretical** frameworks relating to human **personality**. The theory by Kretschmer, which deals with the relationship between body type and personality, and the Jungian typology are famous examples. Some typical personality **types** are set in typology. Jungian typology sets eight types which are combinations of the two orientations, **introversion** and **extroversion**, and the four functions, **thinking**, **sensation**, **feeling** and **intuition**.

❷ The **consistent** tendency in people's thinking and behavior is called a **trait**. The method in which the personality is **grasped** by a combination of traits is called trait theory. Allport listed up the words that depicted personalities from dictionaries and found three main traits. The Allport's study became an opportunity to greatly develop the research of trait theory. The **Big Five** theory which grasps personalities by using five factors, extroversion, **agreeableness**, **neuroticism**, **openness**, **conscientiousness** is well known in trait theory. The five factors of the Big Five theory are recognized as **universal** personality traits which go beyond ethnic and cultural differences. The research of personality based on trait theory is increasing in recent years because the personality traits acquired by trait theory are easy to make a **statistical analysis** of, and those allow objective **verification**. Moreover, trait theory is applied to **aptitude** tests to find **occupations** that are suited to you.

❶　**類型論・特性論**とは、人の**パーソナリティ**に関する**理論的**枠組みのことである。例えば、体型とパーソナリティの関連を扱うクレッチマーの理論や、ユングのタイプ論が有名である。類型論では、いくつかの典型的なパーソナリティ**類型**が設定されている。ユングのタイプ論では、**内向・外向**という２つの性向と**思考・感覚・感情・直観**という４つの機能を掛け合わせた計８つの類型が設定されている。

❷　思考や行動に現れる**一貫した**傾向を**特性**と呼ぶ。特性の組み合わせからパーソナリティ**を把握する**方法を特性論という。オルポートは、辞書からパーソナリティを表す言葉を抽出し、３つの主要な特性を見出した。オルポートの研究は、特性論の研究が大きく発展する契機となった。特性論の中では、外向性、**調和性**、**神経症傾向**、**開放性**、**誠実性**という５つの因子を用いてパーソナリティを把握する**ビッグ・ファイブ**理論が有名である。ビッグ・ファイブ理論の５因子は、民族差や文化差を超えた**普遍的な**パーソナリティ特性であると認識されている。特性論で捉えたパーソナリティ特性は**統計解析**を行いやすく、客観的**検証**が可能なため、近年では特性論に基づくパーソナリティ研究が増えている。さらに、特性論は、向いている**職業**を把握する**適性**検査にも応用されている。

☑ ethnic　形 民族の；民族的な

0738	**typology** [taɪpáːlədʒi]	名	類型論

| 0739 | trait theory | | 特性論 |

| 0740 | **theoretical**
[θìːərétɪkl] | 形 | 理論的な；理論（上）の |
| | 0741 theory | 名 | 理論；学説 |

| 0742 | personality
[pə̀ːrsənǽləti] | 名 | パーソナリティ |
| | 0743 関 temperament | 名 | 気質 |

| 0744 | type
[táɪp] | 名 | 類型 |

0745	introversion [ìntrəvə́ːrʒən]	名	内向（性）
	0746 introvert	形	内向的な；内気な
		名	内向的な人

0747	extroversion [èkstrəvə́ːrʒən]	名	外向（性）
	0748 extrovert	形	外向的な
		名	外向的な人

0749	thinking [θíŋkɪŋ]	名 思考
0750	sensation [senséɪʃən]	名 感覚
0751	feeling [fíːlɪŋ]	名 感情
0752	intuition [ìnt(j)uíʃən]	名 直観
0753	intuitive	形 直観の
0754	consistent [kənsístənt]	形 一貫した；一致した
0755	inconsistent	形 一貫性のない
0756	trait [tréɪt]	名 特性；特徴；特質
0757	grasp [grǽsp]	他 を把握する；を理解する ；をつかむ
0758	Big Five	ビッグ・ファイブ

0759 ☑	agreeableness [əgríːəblnəs]	名 調和性
0760 ☑	neuroticism [n(j)ʊərɑ́ːtɪsìzm]	名 神経症傾向
0761 ☑	openness [óʊpənəs]	名 開放性
0762 ☑	conscientiousness [kɑ̀ːnʃiénʃəsnəs]	名 誠実性
0763 ☑	**universal** [jùːnəvə́ːrsl] 0764 ☑ universe	形 普遍的な；全世界の ；宇宙の 名 全世界；宇宙
0765 ☑	statistical analysis	統計解析
0766 ☑	**verification** [vèrəfɪkéɪʃən] 0767 ☑ verify	名 検証；実証；立証； 確認 他 を検証する；を確認する
0768 ☑	**aptitude** [ǽptət(j)ùːd]	名 適性；才能；能力

0769	**occupation** [ùːkjəpéɪʃən] 0770 ☑ **occupy**	名 職業；占有；居住 他 を占める；を占領する

関連用語

☑ common trait	共通特性
☑ individual trait	個別特性
☑ individuality	個性
☑ version test	向性検査
☑ archetype	元型
☑ anima	アニマ
☑ animus	アニムス
☑ mythology	神話

知能・パーソナリティ

24 ライフサイクル論
Life Cycle Theory

❶ **Life cycle theory** is a theory that divides the **life-span development** of a human being into several stages, from birth to death. Erikson's theory, based on Freud's stages of **psychosexual development**, is the most famous one of the life cycle theories. His life cycle theory consists of eight **developmental stages**, and it has a set of **developmental tasks** for each developmental stage. For example, the developmental task of **adolescence** is **identity** versus **identity diffusion**. It is during this period that **secondary sexual characteristics** appear and we **undergo significant** physical and psychological changes. Identity is the sense of being defined as this kind of person I am. When we succeed in **identity achievement**, our own **social role** becomes clearer. However, when we fall into a state of identity diffusion, we **lose sight of** our roles in society and our social adjustment can be unsuccessful.

❷ Identity achievement is an important developmental task in adolescence and is a key word throughout Erikson's life cycle theory. In **middle adulthood** when our social roles undergo significant change, we are **prone** to **identity crises**. Identity, once established, does not necessarily remain unchanged throughout our life, and it is important to modify **flexibly** it as we grow and as society changes.

❶　**ライフサイクル論**とは、人間が生まれてから死ぬまでの**生涯発達**をいくつかの段階に分けた理論のことである。フロイトの**心理性的発達**段階に基づいてエリクソンが提唱した理論が、ライフサイクル論の中で最も有名である。彼のライフサイクル論は８つの**発達段階**から構成され、発達段階ごとに**発達課題**が設定されている。例えば、**青年期**の発達課題は、**アイデンティティ**対**アイデンティティ拡散**である。この時期には**第二次性徴**が現れ、人は身体的にも心理的にも**大きく変化する**。アイデンティティとは、自分はこういう人間であると定義づけられる感覚のことである。**アイデンティティ達成**に成功すると、自分自身の**社会的役割**がより明確になる。しかしアイデンティティ拡散の状態に陥ると、社会の中での自己の役割**を見失い**、社会適応がうまくいかなくなることがある。

❷　アイデンティティ達成は青年期における重要な発達課題であり、エリクソンのライフサイクル論全般にわたるキーワードでもある。社会的役割の変化が大きい**中年期**は、**アイデンティティ危機**が**生じやすい**。アイデンティティは一度確立されれば必ずしも一生変わらないわけではなく、自分が成長したり、社会が変化するにつれて**柔軟に**修正することが重要である。

0771 ☑	life cycle theory	ライフサイクル論
0772 ☑	life-span development	生涯発達
0773 ☑	psychosexual development	心理性的発達
0774 ☑	developmental stage	発達段階
0775 ☑	developmental task	発達課題
0776 ☑	adolescence [æ̀dəlésns]	名 青年期
0777 ☑	**adolescent**	形 青年期の
0778 ☑	関 puberty	名 思春期
0779 ☑	関 negativistic age	名 反抗期
0780 ☑	関 moratorium	名 モラトリアム
0781 ☑	identity [aɪdéntəti]	名 アイデンティティ； 自我同一性
0782 ☑	identity diffusion	アイデンティティ拡散； 自我同一性拡散

0783 ☑	secondary sexual characteristic	第二次性徴
0784 ☑	**undergo** [ʌ̀ndərgóʊ]	他 (苦しいこと・変化など) を経験する；(検査・治療など) を受ける
0785 ☑	significant [sɪgnífɪkənt]	形 重要な；かなりの；意義深い；有意な (統計)
0786 ☑	significance	名 意義；重要性
0787 ☑	significantly	副 非常に；有意に
0788 ☑	identity achievement	アイデンティティ達成
0789 ☑	social role	社会的役割
0790 ☑	**lose sight of ~**	~を見失う
0791 ☑	middle adulthood	中年期
0792 ☑	**prone** [próʊn]	形 ~しがちな；~する傾向のある (to)

Ex. It is said that people who have alexithymia are prone to psychosomatic disorders.

「アレキシサイミアの人は心身症になりやすいと言われている」

0793 ☑	identity crisis	アイデンティティ危機
0794 ☑	**flexibly** [fléksəbli]	副 柔軟に
0795 ☑	flexible	形 柔軟な；柔軟性のある
0796 ☑	flexibility	名 柔軟性

関連用語

☑ epigenesis	漸成説；後成説
☑ preformationism	前成説
☑ marginal man	マージナルマン
☑ foreclosure	早期完了（型）
☑ midlife crisis	中年期危機
☑ aging	エイジング；老化；加齢
☑ elderly people	高齢者
☑ longevity	長寿
☑ lifetime	生涯

第 **5** 章

基礎理論・心理査定

25 局所論と構造論
Topographical Theory and Structural Theory

❶   Freud's **topographical** and **structural theories** are theories in **psychoanalysis** of our mental activity.   In psychological research prior to Freud, **consciousness** had been treated as the main object of study.   However, he studied our mind by dividing it into three components: the **preconscious** and the **unconscious**, as well as the consciousness.   This is what is we call topographical theory.   For example, a telescope is made up of several parts, which work in **conjunction** with each other to function as a single **optical** machine.   In the same way, Freud believed that our mind is made up of several **elements**, each of which works in relation to the others.   On the basis of this idea of the **psychic apparatus**, he proposed topographical theory.

❷   Then, Freud believed that topographical theory alone cannot explain the functions and mechanisms of our mind.   Therefore, he advocated the structural theory and believed that our mind consists of three parts: the **id**, the **ego** and the **superego**.   The id is where the **libido**, the energy of our mind, is stored. The id seeks to satisfy its needs on the basis of the **pleasure principle**, while on the other hand, the superego seeks to **restrain** the id on the basis of the **moral principle**.   The ego **coordinates** the workings of both the id and the superego on the basis of the **reality principle**.   In the case of that, the opposing forces of the id and the superego create a conflict in our mind.   Therefore, the ego uses **defense mechanisms**, including **repression**, to come to terms with and **stabilize** our mind.   In addition, the ego does not only have a role in regulating our conflicts, but also has various **ego functions**.

❶　フロイトの**局所論**と**構造論**とは、心的活動に関する**精神分析**の理論のことである。フロイト以前の心理学研究においては、**意識**が主な研究対象として扱われていた。しかし彼は、心を意識だけではなく**前意識**と**無意識**という３つの構成要素に分類して研究した。これが局所論と呼ばれるものである。例えば、望遠鏡はいくつかのパーツから構成されており、それらが**関連**し合って働き、１つの**光学機械**としての機能を果たす。それと同様に、心もいくつかの**要素**から構成されており、各要素が互いに関連しながら働いているとフロイトは考えた。このような**心的装置**の考えに基づき、彼は局所論を提唱した。

❷　そしてフロイトは、局所論だけでは心の機能や仕組みを説明できないと考えた。そのため構造論を唱え、心は**イド**、**自我**、**超自我**の３つで構成されると考えた。イドは心のエネルギーである**リビドー**が貯えられている場所である。イドは、**快感原則**に基づいて欲求を満足させようとするが、それに対して超自我は**道徳原則**に基づいてイド**を制止し**ようとする。自我は**現実原則**に基づいて、イドと超自我の両者の働き**を調整する**。その際には、イドと超自我の相反する力により、心の中に葛藤が生じる。そのため自我は、**抑圧**を始めとする**防衛機制**を用いて折り合いをつけ、心の**安定を図る**のである。なお、自我は単に葛藤を調整する役割を持つだけではなく、さまざまな**自我機能**を有している。

基礎理論・心理査定

☑ mental activity　心的活動
☑ telescope　[名]望遠鏡

0797	topographical theory (topography)	局所論
0798	structural theory	構造論
0799	psychoanalysis [sàɪkouənǽləsɪs]	名 精神分析；精神分析学
0800	psychoanalyst	名 精神分析家
0801	**psychoanalytic**	形 精神分析の
0802	consciousness [káːnʃəsnəs]	名 意識
0803	conscious	形 意識の；意識している
0804	preconscious [prìːkáːnʃəs]	名 前意識　形 前意識の
0805	unconscious [ʌnkáːnʃəs]	名 無意識　形 無意識の
0806	**conjunction** [kəndʒʌ́ŋkʃən]	名 結合；関連 注 in conjunction with ～ 「～と連動して；～と 共に；～と併用して」

0807 ☑	optical [á:ptɪkl]	形 視覚の；光学の
0808 ☑	**element** [éləmənt] 0809 ☑ elementary	名 要素；成分 形 初歩の；初級の
0810 ☑	psychic apparatus	心的装置
0811 ☑	id [íd]	名 イド
0812 ☑	ego [í:gou] 0813 ☑ 関 ego psychology	名 自我 自我心理学
0814 ☑	superego [sù:pərí:gou]	名 超自我
0815 ☑	libido [lɪbí:dou]	名 リビドー
0816 ☑	pleasure principle	快感原則

| 0817 ☑ | **restrain** [rɪstréɪn] | 他 を抑える；を抑制する ；をやめさせる |
| | 0818 ☑ restraint | 名 抑制；制止 |

| 0819 ☑ | moral principle | 道徳原則 |
| | 0820 ☑ 関 conscience | 名 良心 |

| 0821 ☑ | **coordinate** [kouɔ́:rdənéɪt] | 他 を調整する；を協応させる |
| | 0822 ☑ coordination | 名 調整；対等；連携；協応 |

| 0823 ☑ | reality principle | 現実原則 |

| 0824 ☑ | defense mechanism | 防衛機制 |
| | 0825 ☑ 関 adaptive mechanism | 適応機制 |

| 0826 ☑ | repression [rɪpréʃən] | 名 抑圧 |
| | 0827 ☑ repress | 他 を抑圧する；を抑制する |

| 0828 ☑ | **stabilize** [stéɪbəlàɪz] | 他 を安定させる |
| | 0829 ☑ stable | 形 安定した |

| 0830 ☑ | ego function | 自我機能 |

☑	Oedipus complex	エディプス・コンプレックス
☑	castration anxiety	去勢不安
☑	oral stage	口唇期
☑	anal stage	肛門期
☑	phallic stage	男根期
☑	latency period	潜伏期
☑	genital stage	性器期
☑	denial	否認
☑	regression	退行
☑	projection	投影
☑	isolation	隔離；分離
☑	undoing	打ち消し
☑	reaction formation	反動形成
☑	intellectualization	知性化
☑	rationalization	合理化
☑	sublimation	昇華
☑	displacement	置き換え

基礎理論・心理査定

26 対象関係論
Object Relations Theory

❶ **Object relations theory** is one of the psychoanalytic theories that tries to understand the human mind by analyzing the relationship between ego and object. The concept of object relation itself had already been used in early psychoanalysis, however, Klein greatly developed the theory to object relations theory. Klein made observations of various mental phenomena through **child analysis** to construct the theory. **Infants** up to around 4 months are in the **paranoid-schizoid position** in which they cannot grasp objects as a whole. From the age of about 5 months to 1 year, the state of **depressive position** is shown. Once object relations are integrated, a transition is made from the relationship with the **part object** to that with the **whole object**. Consequently, there is a realization that the **good object** and the **bad object**, which used to be recognized as different objects, are actually the same person. It **thereby** allows you to understand that both good and bad **aspects** can **coexist** in the same person.

❷ Klein also focused on defense mechanism shown in infants. Infants do not have a clear boundary between themselves and others yet, and the structure of the mind including id, ego, and super ego is also **undifferentiated**. Thus, infants have **fundamental** anxiety, and **employ primitive defense mechanisms**, such as **splitting** and **projective identification**, to cope with the anxiety. These theories related to object relation of infants, were later applied to the comprehension and therapy for **borderline personality disorder**.

❶ **対象関係論**とは、自我と対象との関係性を分析することにより、人間の心を解明しようとする精神分析の理論の１つである。対象関係という概念自体は初期の精神分析においてすでに用いられていたが、クラインが対象関係論へと理論を大いに発展させた。クラインは、**児童分析**を通じてさまざまな精神現象を観察し、その理論を構築した。生後４ヶ月頃までの**乳児**は、対象を全体的に捉えることができない**妄想分裂ポジション**の状態にある。生後５ヶ月から１年頃までは**抑うつポジション**の状態が見られる。対象関係が統合されると、**部分対象**との関わりから**全体対象**との関わりへと移行するのである。すると、別の対象だと思っていた**良い対象**と**悪い対象**が、実は同一人物であることに気づく。**それにより**、同じ人に良い**面**も悪い面も**共存し**得ることが理解できるようになる。

❷ クラインは乳児に見られる防衛機制にも着目した。乳児は自他の境界がまだ明確ではなく、イド、自我、超自我という心の構造も**未分化**である。そのため**根源的な**不安を抱えており、その不安に対処するために**分裂**や**投影性同一視**といった**原始的防衛機制を用いる**。こうした乳児の対象関係に関する理論は、その後、**境界性パーソナリティ障害**の理解と治療に応用された。

基礎理論・心理査定

0831 ☑	object relations theory	対象関係論
0832 ☑	child analysis	児童分析
0833 ☑	infant [ínfənt]	名 乳児
0834 ☑	infancy	名 乳児期
0835 ☑ 関	toddler	名 幼児
0836 ☑	paranoid-schizoid position	妄想分裂ポジション
0837 ☑	depressive position	抑うつポジション
0838 ☑	part object	部分対象
0839 ☑	whole object	全体対象
0840 ☑	good object	良い対象
0841 ☑	bad object	悪い対象
0842 ☑	thereby [ðèərbái]	副 それによって；したがって

0843 ☑	**aspect** [ǽspekt]	名 側面；局面；見方
	0844 ☑ ⊜ phase	名 段階；局面

0845 ☑	**coexist** [kòuɪgzíst]	自 共存する

0846 ☑	**undifferentiated** [ʌ̀ndɪfərénʃieɪtəd]	形 分化されていない； 区別されていない
	0847 ☑ ⊜ differentiated	形 分化した

0848 ☑	**fundamental** [fʌ̀ndəméntl]	形 根本的な；基本的な ；基礎的な
	0849 ☑ fundamentally	副 根本的に

0850 ☑	**employ** [ɪmplɔ́ɪ]	他 を雇う；を使用する
	0851 ☑ employment	名 雇用
	0852 ☑ ⊜ unemployment	名 失業；失業者数

0853 ☑	primitive defense mechanism	原始的防衛機制
	0854 ☑ 関 idealization	名 理想化
	0855 ☑ 関 devaluation	名 脱価値化
	0856 ☑ 関 manic defense	躁的防衛

0857 ☑	splitting [splítɪŋ]	名 分裂
0858 ☑	projective identification	投影性同一視
0859 ☑	borderline personality disorder	境界性パーソナリティ障害
	0860 ☑ 関 personality disorder	パーソナリティ障害
	0861 ☑ 関 antisocial personality disorder	反社会性パーソナリティ障害
	0862 ☑ 関 histrionic personality disorder	演技性パーソナリティ障害
	0863 ☑ 関 narcissistic personality disorder	自己愛性パーソナリティ障害

関連用語

☑ representation	表象
☑ internal object	内的対象
☑ internalization	内在化
☑ transitional object	移行対象
☑ holding	ホールディング；抱えること
☑ good enough relationship	ほどよい関係
☑ impulse	衝動
☑ early oedipal situation	早期エディプス状況
☑ persecutory objects	迫害的対象

クライン, M.に指導を受けた精神科医のウィニコット, D. W.は、小児科外来での診察を通じて多くの家族に接し、そこでの母子関係の観察に基づいて「移行対象」や「錯覚と脱錯覚」などの概念を提唱しました。移行対象とは、子どもが肌身離さず持っているぬいぐるみや毛布などのことで、養育者と離れるときの分離不安に対する防衛として利用されるものです。また、クライエントを抱える環境の重要性も説き、家族の協力を得ながら子どもの支援環境を整備することの意義を強調しました。対象関係論を背景に子どもの内的世界を理解しようとしたウィニコットの研究は、発達臨床学の発展に大きく貢献しました。

27 インテーク面接とアセスメント
Intake Interview and Assessment

❶ The first interview that **takes place** when a **client** comes to you for help is called an **intake interview**. During the intake interview, the interviewer identifies the client's **chief complaint** and carries out the **assessment** in order to determine the **desirable** way how to assist the client. Unlike medical diagnoses, assessments are conducted from a psychological perspective. There are three methods of assessment: the **interview method** through **dialogue**, the **observational method** which involves observing the client's behavior and state, and the **psychological testing method** which uses psychological testing. As a result of carrying out the intake interview, it can be decided that it is not appropriate to introduce **counseling** at that time. If medical treatment is required first, the client will be **reffered** to a medical **institution**.

❷ One of the key **considerations** when conducting an assessment is the **level of psychopathology**. It was Kernberg who **articulated** the theory of level of psychopathology. He advocated a **theory of personality organization** from the **standpoint** of ego-psychological object relations theory. The level of psychopathology is determined by the states of the development of ego functions, defense mechanisms, identity and object relations, and is divided into three levels: **neurotic level**, **borderline level** and **psychotic level**.

❸ If you decide to start counseling after the intake interview, you will sign a **therapeutic contract** with the client, including **informed consent**, and continue the interview. To ensure a smooth **transition** to the continuous counseling, from the point of the intake interview, the interviewer should seek to establish **rapport** with the client.

❶　クライエントが援助を求めて来談した際に**行われる**最初の面接を**インテーク面接**という。インテーク面接では、クライエントを援助するのに**望ましい**方法を判断するために、面接者はクライエントの**主訴**を確認し、**アセスメント**を行う。アセスメントは医学的な診断とは異なり、心理学的な観点から行われる。アセスメントには３つの方法がある。**対話**による**面接法**、クライエントの行動や状態を観察する**観察法**、そして心理検査を用いる**心理検査法**である。インテーク面接を行った結果、その時点では**カウンセリング**を導入することが適切ではないと判断される場合もある。先に医学的な治療が必要な場合は、クライエントは医療**機関**に**リファー**される。

❷　アセスメントを行う際の重要な**検討項目**の１つに、**病態水準**がある。病態水準の理論**を明確にした**のはカーンバーグであった。彼は、自我心理学的対象関係論の**立場**から**パーソナリティ構造論**を唱えた。病態水準は、自我機能、防衛機制、自我同一性や対象関係などの発達の状態から判断され、**神経症水準**、**境界例水準**、そして**精神病水準**の３つの水準に分類される。

❸　インテーク面接後にカウンセリングを始めることを決めたならば、**インフォームド・コンセント**を含めた形でクライエントと**治療契約**を交わし、面接を継続する。継続的なカウンセリングに円滑に**移行**できるように、インテーク面接の時点から、面接者はクライエントと**ラポール**を形成できるように努めるべきである。

☑ ego-psychological object relations theory　自我心理学的対象関係論

0864 ☐	**take place**	行われる；起こる
0865 ☐	client [kláɪənt]	名 クライエント
0866 ☐	intake interview	インテーク面接
0867 ☐ 関	initial interview	初回面接
0868 ☐	chief complaint	主訴
0869 ☐	assessment [əsésmənt]	名 アセスメント；査定
0870 ☐	assess	他 を査定する； をアセスメントする
0871 ☐	**desirable** [dɪzáɪərəbl]	形 望ましい；好ましい
0872 ☐	interview method	面接法
0873 ☐	**dialogue** [dáɪəlɔ̀ːg]	名 対話
0874 ☐	observational method	観察法
0875 ☐ 関	situation sampling method	場面見本法

0876 ☑	psychological testing method	心理検査法
0877 ☑	counseling [káʊnslɪŋ]	名 カウンセリング
0878 ☑	counselor	名 カウンセラー
0879 ☑	refer [rɪfə́ːr]	自 言及する；参照する 他 をリファーする
0880 ☑	reference	名 言及；参照；照会
0881 ☑	**institution** [ìnstət(j)úːʃən]	名 機関；組織
0882 ☑	institute	名 研究所；学会； 協会；慣習；制定 他 を導入する；を制定する ；を設立する
0883 ☑ 関	institutionalize	他 を施設に収容する
0884 ☑	**consideration** [kənsìdəréɪʃən]	名 考慮；検討事項
0885 ☑	consider	他 をよく考える；を考慮 する；と見なす
0886 ☑	considerable	形 かなりの；相当な
0887 ☑	level of psychopathology	病態水準

| 0888 | **articulate**
[ɑːrtíkjəlèɪt] | 他 を明確に述べる |
| | 0889 **articulation** | 名 明瞭な発音；明確な表現 |

| 0890 | theory of personality organization | パーソナリティ構造論 |

| 0891 | **standpoint**
[stǽndpɔ̀ɪnt] | 名 立場；観点 |

| 0892 | neurotic level | 神経症水準 |

| 0893 | borderline level | 境界例水準 |

| 0894 | psychotic level | 精神病水準 |

| 0895 | therapeutic contract | 治療契約 |
| | 0896 関 therapeutic alliance | 治療同盟 |

| 0897 | informed consent | インフォームド・コンセント |

| 0898 | **transition**
[trænzíʃən] | 名 移行；推移；移行期
；過渡期 |
| | 0899 **transitional** | 形 過渡的な；暫定の |

0900 ☐	**rapport** [ræpɔ́ːr]	名 ラポール

関連用語

- ☑ obsessive-compulsive disorder　強迫症 (強迫性障害)
- ☑ conversion disorder　変換症 (転換性障害)
- ☑ gender dysphoria　性別違和
- ☑ substance-related disorders　物質関連障害群

心理検査
Psychological Testing

❶ In order for counsellors to provide useful support to clients, they need to gather information about their clients. By using a **combination** of **psychological testing** as well as **interviews** and **observations**, they are able to gain multifaceted information about their clients. **Personality tests** and intelligence tests are often used in carrying out assessments. There are also three main types of psychological testing: **questionnaire method**, **projective technique** and **performance test**. Using **self-report** questionnaires, they are able to find out what the client is aware of, and using projective techniques, they are able to find out the unconscious side of the client. As each of these methods has different characteristics, performing just one type of test can lead to **imbalance** in the information they can obtain. For this reason, we often combine several tests of different nature and establish a **test battery** to carry out the tests. However, they should only conduct the minimum number of tests required, as carrying out a large number of tests increases the **burden** on the client.

❷ Psychological testing may also be carried out in situations other than counselling, such as aptitude tests in schools and companies. For example, the performance test is used in companies to measure the work **efficiency** of the **subjects**. Psychological testing must be developed through procedures of **standardization** and both **reliability** and **validity** have to be **confirmed** in it. Otherwise, they would not obtain consistent and **relevant** test results and the point of testing would be **undermined**.

❶　カウンセラーがクライエントに有益な支援を行うためには、クライエントに関する情報を集めなくてはならない。**面接**や**観察**を行うだけではなく、**心理検査**を**併用**することで、クライエントに関する多角的な情報を得ることができる。アセスメントを行う際には、**パーソナリティ検査**や知能検査が使用されることが多い。また心理検査には主に**質問紙法**、**投影法**、**作業検査法**の３つの種類がある。**自己報告**の質問紙法を用いると、クライエントが意識できる部分を調べることが可能であり、投影法を用いると、クライエントの無意識的な側面を知ることができる。このように各検査法は特徴が異なるので、１種類の検査を行うだけでは得られる情報に**偏り**が生じることがある。そのため、性質の異なる複数の検査を組み合わせて、**テストバッテリー**を組んで検査を実施することが多い。ただし、多くの検査を実施することはクライエントの**負担**を増やすことになるため、必要最低限の検査だけを実施すべきである。

❷　心理検査は、学校や企業での適性診断など、カウンセリング以外の場面でも実施されることがある。例えば作業検査法は、**被検者**の作業**能率**を測るために企業で使用される。心理検査は**標準化**の手続きを経て作成され、**信頼性**と**妥当性**の両者がその検査において**確認されて**いなければならない。そうでなければ、一貫性のある**適切な**検査結果が得られず、検査をする意味が**損なわれてしまう**だろう。

☑ multifaceted　形 多角的な

| 0901 | **combination**
[kà:mbənéɪʃən] | 名 組み合わせ；結合 |
| | 0902
combine | 他 を組み合わせる |

| 0903 | psychological testing | 心理検査 |

0904	interview [íntərvjùː]	名 面接；インタビュー 他 を面接する
	0905 interviewer	名 面接者
	0906 interviewee	名 被面接者

0907	observation [à:bzərvéɪʃən]	名 観察
	0908 observe	他 を観察する；を述べる ；(法律・習慣) を守る
	0909 observer	名 観察者

| 0910 | personality test | パーソナリティ検査 |

| 0911 | questionnaire method | 質問紙法 |

| 0912 | projective technique | 投影法 |

| 0913 | performance test | 作業検査法 |

0914 ☑	self-report	名 自己報告；自記式
0915 ☑	**imbalance** [ɪmbǽləns]	名 偏り；不均衡；不安定
0916 ☑	test battery	テストバッテリー
0917 ☑	**burden** [bə́:rdn]	名 負担；負荷
0918 ☑	**efficiency** [əfíʃənsi]	名 能率；効率
0919 ☑	efficient	形 効率的な；有能な
0920 ☑	subject [sʌ́bdʒekt]	名 被験者（被検者）； 参加者；主題
0921 ☑	standardization [stændərdaɪzéɪʃən]	名 標準化
0922 ☑	standardize	他 を標準化する
0923 ☑	reliability [rɪlàɪəbíləti]	名 信頼性
0924 ☑	reliable	形 信頼できる；頼りになる
0925 ☑ 関 coefficient of reliability		信頼性係数

0926 □ **validity** [vəlídəti]	名 妥当性
0927 □ **valid**	形 妥当な；正当な
0928 □ 関 validity coefficient	妥当性係数
0929 □ 関 content validity	内容的妥当性
0930 □ 関 criterion-related validity	基準関連妥当性
0931 □ 関 construct validity	構成概念妥当性
0932 □ **confirm** [kənfə́ːrm]	他 を確かめる；を確認する ；を裏づける
0933 □ **confirmation**	名 確認；立証
0934 □ **relevant** [réləvənt]	形 適切な；関連がある； 妥当な
0935 □ 対 irrelevant	形 不適切な；無関係の
0936 □ **undermine** [ʌ̀ndərmáin]	他 を徐々に弱らせる； をだめにする

- ☑ social desirability　　　　　　　社会的望ましさ
- ☑ lie scale　　　　　　　　　　　虚偽尺度
- ☑ Minnesota Multiphasic Personality Inventory　ミネソタ多面的人格目録
- ☑ Yatabe-Guilford Personality Inventory　ＹＧ性格検査
- ☑ transactional analysis　　　　　　交流分析
- ☑ Tokyo University Egogram　　　　東大式エゴグラム（ＴＥＧ）
- ☑ Maudsley Personality Inventory　モーズレイ人格目録
- ☑ Beck Depression Inventory　　　ベック抑うつ性尺度
- ☑ State-Trait Anxiety Inventory　　状態・特性不安検査
- ☑ General Health Questionnaire　　ＧＨＱ精神健康調査票
- ☑ Rorschach test　　　　　　　　　ロールシャッハテスト
- ☑ Thematic Apperception Test　　　主題統覚検査（ＴＡＴ）
- ☑ Picture-Frustration Study　　　　P-Fスタディ
- ☑ sentence completion test　　　　　文章完成法（ＳＣＴ）
- ☑ drawing test　　　　　　　　　　描画法
- ☑ Baumtest（Tree-drawing Test)　　バウムテスト
- ☑ landscape montage technique　　　風景構成法
- ☑ Uchida-Kraepelin Performance Test　内田クレペリン精神作業検査
- ☑ Bender-Gestalt Test　　　　　　　ベンダー・ゲシュタルト・テスト
- ☑ word association test　　　　　　連想語検査（言語連想テスト）
- ☑ vocational interest test　　　　　職業興味検査

基礎理論・心理査定

179

29 コミュニティ心理学
Community Psychology

❶ **Community psychology** deals with mental health of people living in local communities. Besides, **emphasis** is placed on local communities to be responsible for the preservation of mental hygiene of local **residents**, and improving an environment in which the **prevention** of mental disease can be achieved is regarded as important.

❷ From a community psychological point of view, it is considered that a person's behavior is determined by their interaction with the environment they are surrounded by. In **conventional** counseling, clients have worked on solving problems in a counseling room separate from their daily lives. However, these methods never fundamentally solve the problems. Community psychologists raise **concerns** that even though clients' symptoms improve in the counseling room, they will possibly **recur** when the clients are back in their usual environment.

❸ **Empowerment** is one method of support based on community psychology. In this intervention method, an environmental **adjustment** is firstly made to acquire the **social support** from people around the client in a **social network**. The client will then be supported so that he can fulfill his **potential** and regain his innate ability.

❹ Working in **collaboration** to consider supporting measures for **non school attendance** while a **school counselor** as a **consultant** gives a **consultation** to a teacher as a **consultee** at school is another example of a desirable supporting community. In addition, the establishment of telephone counseling services for **suicide** prevention, activities of **self-help groups**, and **crisis intervention** during **disasters** are also important examples of community psychological approaches.

❶ **コミュニティ心理学**では、地域社会の中で生活する人々のメンタルヘルスが扱われる。そして、地域の**住民**の精神衛生を保つことに対して、地域社会が責任を持っていることが**強調**され、精神疾患の**予防**が実現できる環境を整えることが重要視される。

❷ コミュニティ心理学の観点からは、人の行動は周囲の環境との相互作用を通して決定づけられると考えられている。**従来の**カウンセリングでは、日常から切り離された相談室の中で、クライエントは問題解決に取り組んできた。しかし、そうした方法では問題が根本的に解決することはない。相談室にいるときはクライエントの症状がよくなっても、いつもの環境にクライエントが戻れば症状が**再発する**のではないかという**懸念**が、コミュニティ心理学者から提起されている。

❸ コミュニティ心理学に基づく支援の手法の1つに、**エンパワーメント**がある。この介入方法においては、**社会的ネットワーク**の中で、周囲の人からクライエントが**ソーシャルサポート**を得られるようにまず環境**調整**を行う。そして、クライエントが**潜在力**を発揮したり、本来の能力を取り戻したりできるように手助けする。

❹ 学校において、**コンサルタント**としての**スクールカウンセラー**が**コンサルティ**としての教師に**コンサルテーション**を行う中で、**協働して不登校**の支援策を考えることも、望ましいコミュニティ支援の一例である。さらに、**自殺**予防のための電話相談サービスの設置や**自助グループ**の活動、**災害**時の**危機介入**も、コミュニティ心理学的アプローチとして重要なものである。

☑ regain 他 を取り戻す

基礎理論・心理査定

0937		
	community psychology	コミュニティ心理学
0938	community	名 コミュニティ；地域社会

0939		
	emphasis [émfəsɪs]	名 強調
0940	emphasize	他 を強調する

0941		
	resident [rézədənt]	名 住民；居住者

0942		
	prevention [prɪvénʃən]	名 予防
0943	prevent	他 を防ぐ；を妨げる
0944	関 preventive medicine	予防医学

0945		
	conventional [kənvénʃənl]	形 従来の；慣習の； 型にはまった
0946	convention	名 慣習；大会；協定

0947		
	concern [kənsə́:rn]	名 懸念；関心；心配 他 に関係する；を心配させる
0948	concerning	前 ～に関して

0949		
	recur [rɪkə́:r]	自 再発する

0950 ☑	empowerment [ɪmpáʊərmənt]	名 エンパワーメント
0951 ☑	adjustment [ədʒʌ́stmənt]	名 調整；調節；適応
0952 ☑	関 adjustment disorder	適応障害
0953 ☑	adjust	他 を調節する； を適合させる (to)

Ex. She was able to adjust to the new environment by using the principle of small step.

「彼女はスモールステップの原理を用いることで、新しい環境に慣れることができた」

0954 ☑	social support	ソーシャルサポート
0955 ☑	social network	社会的ネットワーク
0956 ☑	potential [pəténʃəl]	名 潜在力；可能性 形 潜在的な；可能性がある
0957 ☑	⊜ probability	名 可能性；見込み
0958 ☑	collaboration [kəlæbəréɪʃən]	名 協働；協力； コラボレーション
0959 ☑	collaborative	形 協力的な；協働の
0960 ☑	関 collaborative empiricism	協働経験主義

0961	non school attendance	不登校
0962	関 school refusal	登校拒否
0963	関 school phobia	学校恐怖症
0964	school counselor	スクールカウンセラー
0965	consultant [kənsʌ́ltənt]	名 コンサルタント
0966	consultation [kɑ̀:nsəltéɪʃən]	名 コンサルテーション
0967	関 liaison	名 リエゾン
0968	consultee [kənsʌltí:]	名 コンサルティ
0969	suicide [súːəsàɪd]	名 自殺
0970	関 self-injury	名 自傷；自傷行為
0971	self-help group	自助グループ
0972	crisis intervention	危機介入

0973	**disaster** [dɪzǽstər]	名 災害；災難
	0974 ■ **calamity**	名 災害；厄災
	0975 **disastrous**	形 災害を引き起こす； 破壊的な；悲惨な

関連用語

- advocacy　　　　　　　　　アドボカシー
- accountability　　　　　　　アカウンタビリティ；説明責任
- bullying　　　　　　　　　　いじめ
- school psychology　　　　　学校心理学
- school as a team　　　　　　チーム学校
- team medical care　　　　　チーム医療
- cooperating with other professionals　　多職種連携
- quality of life　　　　　クオリティ・オブ・ライフ；生活の質
- rehabilitation　　　　　　　リハビリテーション
- bio-psycho-social model　　生物・心理・社会モデル
- supervision　　　　　　　　スーパービジョン
- supervisor　　　　　　　　　スーパーバイザー
- supervisee　　　　　　　　　スーパーバイジー
- facilitator　　　　　　　　　ファシリテーター
- well-being　　　　　　　　　幸福感；ウェルビーイング

基礎理論・心理査定

30 ストレスと不適応
Stress and Maladjustment

❶ **Stress** is a general term that includes both **stressor** and **stress response**. A stressor is a factor that causes a state of tension in an organism, and physical and mental changes caused by a stressor are called a stress response. Selye, a **physiologist**, thought that when an organism is exposed to a stressor, a similar physiological response occurs easily, and he named this response the **general adaptation syndrome**.

❷ Not only physiological factors, but also changes in our living environment and events in our life can also be major stressors. Holmes and Rahe developed the **social readjustment rating scale**, in which they attempted to measure the degree of stress, taking account of **psychosocial** factors.

❸ Lazarus and Folkman focused on the interaction between the individual and the environment and proposed the **cognitive appraisal model**. In this model, stressors are evaluated on two levels. As the primary appraisal, we determine if the stressor is a **threat** to us. After that, as the secondary appraisal, we determine if the stressor is manageable or not. Then, when the stressor is determined to be unmanageable for us, a stress response is thought to occur.

❹ **Stress management** is important because our **prolonged** stress response can lead to maladjustment to our social environment. The behavior to **alleviate** the stress response is called **coping**. There are two types of **stress coping** methods: **problem-focused coping**, which attempts to resolve our problem directly, and **emotion-focused coping**, which works on our emotional side. Getting social support from people around us is another important coping technique.

❶ **ストレス**とは、**ストレッサー**と**ストレス反応**の両方を含む総称である。ストレッサーは、生体に緊張状態を生じさせる要因のことであり、ストレッサーによって生じる心身の変化をストレス反応という。生体がストレッサーにさらされたときに、類似の生理的反応が生じやすくなると**生理学者**のセリエは考え、この反応を**汎適応症候群**と名づけた。

❷ 生理的要因だけではなく、生活環境の変化や生活上の出来事も大きなストレッサーとなり得る。ホームズとレイは**社会的再適応評定尺度**を作成し、**心理社会的**要因を考慮した上で、ストレスの程度を測定しようとした。

❸ ラザルスとフォルクマンは個人と環境との相互作用に着目し、**認知的評価モデル**を提唱した。このモデルでは、ストレッサーは2段階で評価される。まず一次的評価として、私たちは、ストレッサーが自分にとって**脅威**となるかどうかを判断する。その後、二次的評価として、私たちは、ストレッサーが対処可能なものであるかどうかを判断する。そして、ストレッサーが私たちには対処できないものと判断されたときに、ストレス反応が生じると考えられる。

❹ ストレス反応が**長引く**と社会的環境への不適応が生じ得るため、**ストレス・マネジメント**が重要になる。ストレス反応**を緩和する**ための行動を**コーピング**という。**ストレス・コーピング**の方法には2つある。問題を直接的に解消することを試みる**問題焦点化型コーピング**と、情動面に働きかける**情動焦点化型コーピング**である。周囲の人々からソーシャルサポートを得ることはもう1つの重要なコーピング手法である。

☑ general term　総称　　　　　☑ manageable　形 対処可能な；扱いやすい

0976	stress [strés]	名 ストレス；緊張；圧力；強調
0977	stressor [strésər]	名 ストレッサー
0978	stress response	ストレス反応
0979	**physiologist** [fìziá:lədʒɪst]	名 生理学者
0980	general adaptation syndrome	汎適応症候群
0981	social readjustment rating scale	社会的再適応評定尺度
0982	**psychosocial** [sàɪkoʊsóʊʃəl]	形 心理社会的な
0983	psychosociology	名 心理社会学
0984	cognitive appraisal model	認知的評価モデル
0985	appraise	他 を評価する；を査定する
0986	appraisal	名 評価；査定

0987 ☐	**threat** [θrét]	名 脅威；脅迫
0988 ☐	**threaten**	他 を脅かす；を脅迫する

0989 ☐	stress management	ストレス・マネジメント
0990 ☐	関 stress buffering effect	ストレス緩衝効果

0991 ☐	**prolonged** [prəlɔ́:ŋd]	形 長引く；長期にわたる

0992 ☐	**alleviate** [əlí:vièit]	他 を緩和する；を軽減する ；を和らげる
0993 ☐	**alleviation**	名 緩和；軽減

0994 ☐	coping [kóupɪŋ]	名 コーピング；対処法
0995 ☐	cope	自 対処する（with）
0996 ☐	関 resilience	名 レジリエンス

0997 ☐	stress coping	ストレス・コーピング

0998 ☐	problem-focused coping	問題焦点化型コーピング

0999 ☐	emotion-focused coping	情動焦点化型コーピング

基礎理論・心理査定

189

関連用語

☑ psychosomatic disease　　心身症
☑ psychogenic reaction　　心因反応
☑ mind-body correlation　　心身相関
☑ autogenic training　　自律訓練法
☑ relaxation response　　リラクセーション反応
☑ distress　　ストレス；苦悩；苦しみ
☑ Yerkes-Dodson's low　　ヤーキーズ・ドッドソンの法則

補足MEMO

　ストレスに対処する方法には、筋弛緩によるリラクセーション、自律訓練法、ストレス免疫訓練、臨床動作法などがあり、最近ではマインドフルネス瞑想もストレス・コーピングの手段として用いられています。自らの気持ちを落ち着かせることもコーピングにおいて重要ですが、ストレスは他者や環境との関わりにおいて生じることが多いものです。相手の立場を尊重しながらも自分の考えを適切な形で伝えるアサーションを取り入れることが、有効なコーピングになることがあります。また、周囲からソーシャル・サポートを受けて、ストレスに対処できる環境作りをする意識づけも重要です。

第 **6** 章

精神疾患・心理療法

31 うつ病
Major Depressive Disorder

❶ **Major depressive disorder** is one of the **mental disorders** categorized into **depressive disorders** in the representative international diagnostic **criteria**, DSM-5. The main symptoms of major depressive disorder are collectively called **major depressive episodes**, in which not only **psychological symptoms** but **somatic symptoms** are included. For example, typical symptoms are **depressed mood**, **markedly** diminished interest or pleasure, decrease or increase in weight or **appetite**, **insomnia** and **hypersomnia**, **suicidal ideation**, and so on. The cause of major depressive disorder has not been fully identified yet. However, recent research **indicates** that various kinds of factors such as the problems of environment, personality, and brain functions are related to a **manifestation** of major depressive disorder.

❷ One of the supporting measures for clients with depression is cognitive behavioral therapy. When clients receive treatments at medical institutions, pharmacotherapy with **antidepressant** and **exercise therapy** can often be provided. These supports and treatments are sometimes **conducted** independently, although they can often achieve synergistic effect if used in combination.

❸ Major depressive disorder used to be included in the category called **mood disorder** with **bipolar disorder** in DSM-IV. However, in DSM-5, major depressive disorder and bipolar disorder were classified in two different categories. Bipolar disorder is a disorder showing **manic episodes**, totally opposite symptoms to major depressive episodes, which is characterized by **alternating** between appearance of major depressive episodes and manic episodes. It is difficult to differentiate between bipolar disorder and major depressive disorder. It is necessary to **note** that the effective supporting measures for the two disorders are different.

❶　うつ病は、代表的な国際的診断**基準**であるＤＳＭ－５において、**抑うつ障害群**に分類される**精神障害**の１つである。うつ病の主な症状は**抑うつエピソード**と総称され、**精神症状**だけではなく**身体症状**もその中に含まれている。例えば、代表的な症状は、**抑うつ気分**、興味または喜びの**著しい減退**、体重や**食欲**の減少または増加、**不眠**および**過眠**や**自殺念慮**などである。うつ病の原因はまだ完全には明らかになっていない。しかし、近年の研究では、環境やパーソナリティ、脳機能の問題といったさまざまな要因が、うつ病の**発現**に関与していることが**示されている**。

❷　うつ病のクライエントに対する支援法の１つとして、認知行動療法がある。クライエントが医療機関で治療を受ける場合は、**抗うつ薬**を用いた薬物療法や**運動療法**がしばしば行われることがある。これらの支援や治療は単独で**実施される**こともあるが、併用することで相乗効果が得られることが多い。

❸　以前うつ病は、ＤＳＭ－Ⅳにおいては**双極性障害**と共に、**気分障害**というカテゴリー内に含められていた。しかし、ＤＳＭ－５ではうつ病と双極性障害は、２つの異なるカテゴリー内に分類された。双極性障害は、抑うつエピソードとは正反対の症状である、**躁病エピソード**を呈する障害であり、抑うつエピソードと躁病エピソードとが**交互に現れる**ことを特徴とする。双極性障害とうつ病とを鑑別することは難しい。この２つの障害に対する効果的な支援法は異なること**に注意する**必要がある。

精神疾患・心理療法

☑ collectively called 〜　〜と総称される
☑ synergistic　[形] 相乗作用のある

1000	major depressive disorder	うつ病（大うつ病性障害）
1001	mental disorder	精神障害
1002	depressive disorders	抑うつ障害群
1003	**criterion** [kraɪtíəriən]	名 基準 criteria（複）
1004	major depressive episode	抑うつエピソード
1005	psychological symptom	精神症状
1006	somatic symptom	身体症状
1007	somatic symptom disorder	身体症状症
1008	depressed mood	抑うつ気分
1009	**markedly** [máːrkɪdli]	副 著しく；際立って
1010	**appetite** [ǽpətàɪt]	名 食欲；欲求

1011	insomnia [ɪnsáːmniə]	名 不眠；不眠症
1012	hypersomnia [hàipərsáːmniə]	名 過眠；過眠症
1013	suicidal ideation	自殺念慮
1014	indicate [índəkèɪt]	他 を示す；を示唆する
1015	indication	名 指示；示唆；兆候
1016	manifestation [mænəfestéɪʃən]	名 明らかになること； 明示；兆候；発現
1017	manifest	形 明白な；明らかな 他 を明らかにする
1018	antidepressant [æ̀ntidɪprésənt]	名 抗うつ薬
1019	exercise therapy	運動療法
1020	conduct [kəndʌ́kt]	他 を実施する； を行う；を導く
1021	mood disorder	気分障害

精神疾患・心理療法

1022 ⊘	bipolar disorder	双極性障害
1023 ⊘	manic episode	躁病エピソード
1024 ⊘	**alternate** [ɔ́ːltərnət] 1025 ⊘ alternative	自 交互に起こる 名 代わりとなるもの；選択肢 形 代わりの；別の
1026 ⊘	**note** [nóut]	他 に注意する；に言及する ；を書き留める 名 メモ；注意；記録；音 ；声の調子

補足MEMO

　うつ病は成人にだけではなく、子どもにも生じる可能性があります。児童期の場合は、頭痛や腹痛や食欲不振を訴えたり、チックや夜尿が見られたりするなど、身体的な症状がよく見られます。思春期・青年期のうつ病は、抑うつ気分や過眠症状、体重変動などが多く見られ、不登校やひきこもりにつながることもあります。また、攻撃的になることで、家庭内暴力や自傷行為、アルコールや薬物の使用に至る場合もあります。成人期以降は、仕事や家庭内の問題、育児や介護などのストレスからうつ病が生じる可能性があります。老年期に入ると、仕事や子育てが落ち着くことで意欲低下が見られることもある以外に、うつ病かと思っていたところ、認知症の前段階として抑うつ気分が出ていたというケースもあります。

- ☑ fatigue — 疲労
- ☑ mourning — 悲哀；喪
- ☑ loss — 喪失
- ☑ grief — 悲嘆
- ☑ worthlessness — 無価値感
- ☑ guilt — 罪責感
- ☑ rumination — 反すう
- ☑ pessimistic — 悲観的な
- ☑ euphoria — 多幸感
- ☑ monoamine hypothesis — モノアミン仮説
- ☑ serotonin — セロトニン
- ☑ cyclothymia — 循環気質
- ☑ immodithymic character — 執着気質
- ☑ melancholic type — メランコリー親和型
- ☑ masked depression — 仮面うつ病
- ☑ postpartum depression — 産後抑うつ
- ☑ type A behavior pattern — タイプA行動パターン
- ☑ burnout syndrome — 燃え尽き症候群

精神疾患・心理療法

32 摂食障害
Eating Disorder

❶ **Eating disorders** are classified in the DSM-5 as a group of **feeding** and eating **disorders**, and include **anorexia nervosa**, **bulimia nervosa**, and **binge-eating disorder** as typical disorders. Eating disorders are more likely to develop in puberty, in adolescent females, and are associated with a distorted **body image** and **self-image**.

❷ Anorexia nervosa is a disorder of **excessive** caloric **restriction** and marked weight loss. Despite significant weight loss, patients fear **obesity** and do not feel strange about their desire for extreme **thinness** or becoming low body weight.

❸ Patients with bulimia nervosa **consume** large quantities of food repeatedly. Patients are aware that their food **intake** is high, but they also feel unable to control their eating. Patients then **engage** in **compensatory behavior** to avoid gaining weight after eating large amounts of food. For example, they repeatedly engage in self-induced vomiting and **misuse** of laxatives. In addition, the self-esteem of eating disorders patients is influenced by their body shape and weight.

❹ The difference is that patients with binge-eating disorder, like those with bulimia nervosa, repeatedly consume large amounts of food, but do not necessarily engage in compensatory behavior. They also often have a lower level of desire for thinness, or fear of obesity, than patients with anorexia nervosa or bulimia nervosa.

❺ A combination of physical care, including **dietary counseling**, and psychological care is **recommended** to support patients with eating disorders. Naturally, medical treatment is important for the patients and, if their condition is severe, **hospital treatment** may be required. In addition to those supports, **psychoeducation** and family therapy for the patients' families would be helpful in order to gain their **cooperation**.

❶　摂食障害は、ＤＳＭ－５では**食行動障害**および摂食障害群に分類され、代表的な障害として**神経性やせ症**、**神経性過食症**、**過食性障害**を含む。摂食障害は、思春期や青年期の女性に発症しやすく、**身体像**や**自己像**の歪みと関連がある。

❷　神経性やせ症は、**過度**のカロリー**制限**や、顕著な体重減少を示す障害である。体重が大きく減少しているにもかかわらず、患者は**肥満**に恐怖し、また極端な**やせ**願望や低体重になることについては違和感を抱いていない。

❸　神経性過食症の患者は、大量の食物**摂取**を何度も繰り返す。患者は食物**摂取量**が多いことを自覚しているが、食べることを統制できないとも感じている。そして、患者は大量に食べた後に、体重が増加しないように**代償行動を取る**。例えば、自己誘発性嘔吐や下剤**乱用**を繰り返すのである。また、摂食障害患者の自尊感情は、体型や体重に左右される。

❹　過食性障害の患者は、神経性過食症の患者と同様に大量の食物を繰り返し摂取するが、代償行動は必ずしも取るわけではないという違いがある。また、神経性やせ症や神経性過食症の患者より、やせ願望や肥満恐怖は目立たないことが多い。

❺　**食事指導**を含む身体的ケアと、心理的ケアとを並行して実施することが、摂食障害患者を支援するために**推奨されている**。当然、医学的治療は患者にとって重要であり、患者の病状が重度の場合は**入院治療**が必要とされる場合がある。こうした支援に加えて、家族の**協力**を得るために、患者の家族に対して**心理教育**や家族療法を行うことも有益であろう。

精神疾患・心理療法

☑ laxative　图 下剤

1027 ☑	eating disorder	摂食障害
1028 ☑	feeding disorder	食行動障害
1029 ☑	anorexia nervosa	神経性やせ症 （神経性無食欲症）
1030 ☑	bulimia nervosa	神経性過食症 （神経性大食症）
1031 ☑	binge-eating disorder	過食性障害
1032 ☑	body image	身体像
1033 ☑	self-image	名 自己像
1034 ☑	self-schema	名 セルフスキーマ
1035 ☑	**excessive** [ɪksésɪv]	形 過度の
1036 ☑	**excessively**	副 過度に；過剰に
1037 ☑	**restriction** [rɪstríkʃən]	名 制限；制約
1038 ☑	**restrict**	他 を制限する

1039 ☑	**obesity** [oʊbíːsəti]	名 肥満
1040 ☑	**thinness** [θínnəs]	名 細さ；薄さ
	1041 ☑ thin	形 細い；痩せた；薄い
	1042 ☑ 🔁 thick	形 厚い
1043 ☑	**consume** [kəns(j)úːm]	他 を消費する；を摂取する
	1044 ☑ consumption	名 消費；食物摂取
1045 ☑	**intake** [íntèɪk]	名 摂取（量）
1046 ☑	**engage** [ɪngéidʒ]	自 携わる；従事する (in) 他 を従事させる；を引きつける；を婚約させる
	1047 ☑ engagement	名 従事；関与；婚約
1048 ☑	compensatory behavior	代償行動
	1049 ☑ compensation	名 補償
	1050 ☑ compensate	自 補償する；埋め合わせをする
	1051 ☑ compensatory	形 償いの；補償の

精神疾患・心理療法

1052	**misuse** [mìsjúːs]	名 誤用；乱用
1053	関 overdose	名 過量摂取
1054	dietary counseling	食事指導
1055	**recommend** [rèkəménd]	他 を推奨する；を薦める
1056	recommendation	名 推薦；推薦状
1057	hospital treatment	入院治療
1058	psychoeducation	心理教育
1059	**cooperation** [kouàːpəréɪʃən]	名 協力；提携；連携
1060	cooperate	自 協力する
1061	cooperative	形 協力的な

☑ restricting type   摂食制限型

☑ binge-eating / purging type   過食・排出型

☑ amenorrhea   無月経

☑ malnutrition   栄養障害

☑ dietetic therapy   食事療法

☑ self-induced vomiting   自己誘発性嘔吐

☑ family violence   家庭内暴力

☑ outpatient   外来患者

☑ inpatient   入院患者

☑ addiction   嗜癖；中毒

☑ substance abuse   薬物乱用

☑ substance dependence   薬物依存

☑ alcoholism   アルコール依存症

☑ perfectionism   完璧主義

☑ optimism   楽観主義

精神疾患・心理療法

33 統合失調症
Schizophrenia

❶ **Schizophrenia** is a disorder in which **positive symptoms**, such as **delusions**, **hallucinations**, and **disorganized symptoms**, and **negative symptoms**, such as diminished emotional expression, and avolition, are the main symptoms. Once symptoms improve, the disorder often recurs and the patient's **cognitive function** gradually declines. Kraepelin initially called this disease dementia praecox; later, Bleuler proposed the name schizophrenia. Bleuler **stated** that **loosening of association**, **blunted affect**, autism, and **ambivalence** are the four basic symptoms of schizophrenia.

❷ The causes of schizophrenia are still unclear, although theories such as the double bind theory, the **dopamine hypothesis**, and the **diathesis-stress model** have been investigated. Recent studies have suggested that a combination of **genetic** and environmental factors may be **responsible** for the disease.

❸ The main medical treatment for schizophrenia is **pharmacotherapy** with **antipsychotic drugs**. As the level of psychopathology is basically **corresponds** to the psychotic level, psychosocial support, such as psycho education, **occupational therapy**, and participation in **psychiatric day care**, takes **precedence** over counseling. During the **acute phase**, symptoms may become more active and require hospital treatment, but prolonged hospitalization is likely to lead to **deterioration** in cognitive function. Therefore, there is a growing recognition of the importance of enhancing **assertive community treatment (ACT)** in order to facilitate the reintegration of patients into society after **discharge** from the hospital.

❶ **統合失調症**とは、**妄想、幻覚**や**解体症状**などの**陽性症状**と、情動表出の減少や意欲欠如などの**陰性症状**とを主な症状とする疾患である。一度症状が改善しても疾患が再発することが多く、患者の**認知機能**は徐々に低下していく。この疾患は当初クレペリンによって早発性痴呆と名づけられ、後にブロイラーが統合失調症と名づけた。ブロイラーは、**連合弛緩、感情鈍麻**、自閉、**両価性**が統合失調症の４つの基本症状である**と述べた**。

❷ 統合失調症の原因について、これまで二重拘束説、**ドーパミン仮説、素因ストレスモデル**といった学説が研究されてきたが、原因は未だ不明である。近年の研究では、**遺伝的**要因と環境的要因との組み合わせがその疾患の**原因である**かもしれないことが示唆されている。

❸ 統合失調症に対する主な医学的な治療法としては、**抗精神病薬**を用いた**薬物療法**がある。その病態水準は精神病水準に基本的には**該当する**ため、心理教育や**作業療法、精神科デイケア**への参加などの心理社会的支援が、カウンセリングよりも**優先される。急性期**には症状がより活発となり入院治療を要する場合もあるが、長期に及ぶ入院は認知機能の**悪化**を招きやすい。そのため、患者の**退院**後の社会復帰を円滑にするため、**アサーティブ・コミュニティ・トリートメント（ＡＣＴ）**を充実させることが重要であるという認識が高まってきている。

☑ avolition 图 意欲欠如
☑ dementia praecox 早発性痴呆
☑ psychotic level 精神病水準
☑ reintegration 图 復帰

1062	schizophrenia [skìtsəfríːniə]	名 統合失調症
1063	関 schizophrenia spectrum disorders	統合失調症スペクトラム障害

1064	positive symptom	陽性症状

1065	delusion [dɪlúːʒən]	名 妄想
1066	関 delirium	名 せん妄

1067	hallucination [həlùːsənéɪʃən]	名 幻覚

1068	disorganized symptom	解体症状

1069	negative symptom	陰性症状

1070	cognitive function	認知機能
1071	関 executive function	実行機能

1072	**state** [stéɪt]	他 を述べる 名 状態；国家；州
1073	statement	名 声明；発言；陳述

1074 ⊘	loosening of association	連合弛緩
1075 ⊘	blunted affect	感情鈍麻
1076 ⊘	ambivalence [æmbívələns]	名 両価性；アンビバレンス
	1077 ⊘ ambivalent	形 相反する感情を持つ
1078 ⊘	dopamine hypothesis	ドーパミン仮説
1079 ⊘	diathesis-stress model	素因ストレスモデル
1080 ⊘	genetic [dʒənétɪk]	形 遺伝の；遺伝子の
	1081 ⊘ gene	名 遺伝子
1082 ⊘	responsible [rɪspáːnsəbl]	形 責任がある；原因である (for)
	1083 ⊘ responsibility	名 責任
1084 ⊘	pharmacotherapy [fàːməkəθérəpi]	名 薬物療法
	1085 ⊘ ⊜ drug therapy	薬物療法

精神疾患・心理療法

1086 ☑	antipsychotic drug	抗精神病薬
1087 ☑	**correspond** [kɔ̀ːrəspáːnd]	自 一致する； 相当する (to；with)
1088 ☑	correspondence	名 通信；一致
1089 ☑	occupational therapy	作業療法
1090 ☑	**psychiatric** [sàıkiǽtrık]	形 精神医学の；精神科の
1091 ☑	psychiatry	名 精神医学
1092 ☑	day care	デイケア
1093 ☑	**precedence** [présədəns]	名 優先されること
1094 ☑	precedent	形 先行する；優先する
1095 ☑	**acute phase**	急性期
1096 ☑ ⇔ chronic phase		慢性期
1097 ☑	**deterioration** [dɪtìəriəréıʃən]	名 悪化；劣化
1098 ☑	deteriorate	自 悪化する；劣化する

1099 ☑	assertive community treatment（ACT）	アサーティブ・コミュニティ・トリートメント
1100 ☑	**discharge** [dɪstʃɑ́ːrdʒ]	名 解放；排出；退院 他 を解放する；を排出する

☑ delusion of persecution	被害妄想
☑ delusion of grandeur	誇大妄想
☑ delusional disorder	妄想性障害
☑ catatonia	緊張病
☑ paranoid personality disorder	妄想性パーソナリティ障害
☑ schizoid personality disorder	スキゾイドパーソナリティ障害
☑ schizotypal personality disorder	統合失調型パーソナリティ障害
☑ schizoaffective disorder	統合失調感情障害
☑ psychotic disorder	精神病性障害
☑ apathy	アパシー
☑ disorientation	失見当
☑ reality testing	現実検討
☑ recurrence	再発
☑ etiology	病因；病因論
☑ symptomatology	症候学；症状

精神疾患・心理療法

34 心的外傷後ストレス障害（PTSD）
Posttraumatic Stress Disorder

❶ **Posttraumatic stress disorder (PTSD)** is a disease that causes a wide range of symptoms after the occurrence of a **traumatic experience** that has a **profound** emotional impact. A traumatic experience includes, for example, a disaster or **violence** in which the person concerned nearly dies or is seriously injured. The main symptom of PTSD is the **re-experiencing** of the traumatic event. Re-experiencing is a symptom that appears unexpectedly in everyday life as a **flashback** or nightmare, also known as an **intrusion symptom**. Other symptoms include avoidance of memories and feelings about the traumatic experience and situations that bring them back. Negative **alterations** in cognitions and mood, such as negative beliefs and feelings of **detachment** from others, and **hyperarousal**, such as hypervigilance, problems with **concentration** and **sleep disorders**, are also typical symptoms of PTSD. **Anxiety disorder** and **dissociative amnesia** may also supervene.

❷ Supportive methods for PTSD such as cognitive behavioral therapy, **eye movement desensitization and reprocessing (EMDR)**, and **prolonged exposure** can be used to alleviate the symptoms. If the client is a child, **play therapy** is often used. Through those supporting techniques, patients **come to terms with** their traumatic experiences and gradually **sort out** their memories and emotions, which will help to reduce their symptoms.

❸ After a major disaster, the people concerned are often so busy dealing with the aftermath that they do not have time to take care of themselves. As a result, **despite** the emotional toll, **survivors** are unlikely to seek professional help on their own. If there is a potential need for psychological support after a disaster, it may be useful for **aid** workers to go to people in need and offer their help. This type of visiting support is called **outreach**.

❶　心的外傷後ストレス障害（PTSD）は、精神的に**非常に大きな**衝撃となる**外傷体験**が生じた後に、さまざまな症状が発現する疾患である。外傷体験とは、例えば、災害や**暴力**により、その当事者が危うく死にかけたり、重症を負ったりすることが含まれる。ＰＴＳＤの主症状としては、外傷的な出来事の**再体験**が挙げられる。再体験は、**フラッシュバック**や悪夢として日常生活の中で予期せず現れる症状であり、**侵入症状**としても知られる。その他の症状には、外傷体験に関する記憶や感情および、それらを想起させる状況の回避がある。否定的な信念、**孤立**感などの認知と気分の陰性**変化**や、過度の警戒心、**集中**困難、**睡眠障害**などの**過覚醒**もＰＴＳＤの代表的な症状である。また、**不安症**や解離性健忘が併発することもある。

❷　ＰＴＳＤの症状を緩和させるために、認知行動療法や**眼球運動による脱感作と再処理法（ＥＭＤＲ）**、**持続エクスポージャー法**などの支援法が用いられる。クライエントが子どもの場合には、**遊戯療法**を行うことが多い。こうした支援技法を通じて、患者が外傷体験**と折り合いをつけ**、少しずつ記憶や感情**を整理する**ことが、症状の軽減につながる。

❸　大きな災害が起きた後、当事者は被災後の対応で忙しく、自身を労る余裕がないことが多い。そのため、**被災者**は精神的な打撃を受け**ながらも**、専門家に自ら援助を求めることは少ない。災害後に心理的支援の需要が潜在している場合は、**援助**者が、要支援者が居る場所に出向いて支援を提供することが有益であろう。こうした訪問型の支援は、**アウトリーチ**と呼ばれる。

☑ nightmare　图 悪夢　　　　　　☑ aftermath　图 災害の直後
☑ hypervigilance　图 過度の警戒心　☑ toll　图 痛手
☑ supervene　圓 併発する

精神疾患・心理療法

1101 ☑	posttraumatic stress disorder（PTSD）	心的外傷後ストレス障害
1102 ☑	traumatic experience	外傷体験
1103 ☑	**profound** [prəfáund]	形 深い；心の底からの
1104 ☑	profoundly	副 深く；大いに
1105 ☑ 🔄	shallow	形 浅い；浅はかな
1106 ☑	**violence** [váɪələns]	名 暴力
1107 ☑	violent	形 暴力的な；激しい
1108 ☑	violate	他 に違反する；を乱す；を侵害する
1109 ☑	violation	名 違反；妨害
1110 ☑	re-experiencing	名 再体験
1111 ☑	**flashback** [flǽʃbæk]	名 フラッシュバック
1112 ☑	intrusion symptom	侵入症状
1113 ☑ 関	intrusive thought	侵入思考

1114 ☑	**alteration** [ɔ̀:ltəréɪʃən]	名 変化；変更；修正
	1115 ☑ alter	他 を変える 自 変わる
1116 ☑	**detachment** [dɪtǽtʃmənt]	名 孤立；分離；無関心
	1117 ☑ detach	他 を取り外す；を分離する
1118 ☑	hyperarousal [hàɪpərəráuzl]	名 過覚醒
1119 ☑	**concentration** [kɑ̀:nsəntréɪʃən]	名 集中；集中力
	1120 ☑ concentrate	他 に集中させる 自 に集中する（on）
1121 ☑	sleep disorder	睡眠障害
1122 ☑	anxiety disorder	不安症（不安障害）
1123 ☑	dissociative amnesia	解離性健忘
	1124 ☑ 関 dissociation	名 解離
	1125 ☑ 関 dissociative fugue	解離性遁走
	1126 ☑ 関 dissociative identity disorder	解離性同一症 （解離性同一性障害）

精神疾患・心理療法

1127	eye movement desensitization and reprocessing（EMDR）	眼球運動による脱感作と再処理法
1128	prolonged exposure	持続エクスポージャー法
1129	play therapy	遊戯療法
1130	**come to terms with ～**	～を受け入れる；～と折り合いをつける
1131	**sort out**	を整理する；を分類する
1132	**despite** [dɪspáɪt]	前 ～にもかかわらず
1133	〓 in spite of ～	～にもかかわらず
1134	**survivor** [sərváɪvər]	名 生存者；生き残った人
1135	**aid** [éɪd]	名 援助；助け 他 を援助する
1136	**outreach** [áʊtriːtʃ]	名 アウトリーチ

☑ acute stress disorder 　　　　　急性ストレス障害
☑ social anxiety disorder 　　　　社交不安症（社交不安障害）
☑ generalized anxiety disorder 　　全般不安症（全般性不安障害）
☑ specific phobia 　　　　　　　　限局性恐怖症
☑ agoraphobia 　　　　　　　　　広場恐怖症
☑ panic disorder 　　　　　　　　パニック症（パニック障害）
☑ depersonalization 　　　　　　　離人感
☑ derealization 　　　　　　　　　現実感消失
☑ disaster mental health counseling 災害カウンセリング
☑ victim 　　　　　　　　　　　　犠牲者；被害者
☑ helping behavior 　　　　　　　援助行動
☑ help-seeking 　　　　　　　　　援助要請
☑ social resource 　　　　　　　　社会資源
☑ electroencephalogram (EEG) 　　脳波
☑ hemisphere 　　　　　　　　　半球
☑ hippocampus 　　　　　　　　海馬
☑ amygdala 　　　　　　　　　　扁桃体；扁桃核

精神疾患・心理療法

35 精神分析療法
Psychoanalytic Therapy

❶ **Psychoanalytic therapy** is a **psychotherapy** based on the psychoanalytic theory proposed by Freud. In this **therapy**, a **free association** is used, in which the client is **encouraged** to say whatever comes to mind without being selective. The **therapist** analyzes what the client has said and interprets the client's **resistance**, **transference** and defense mechanisms. Sometimes the client can not agree with the therapist's **interpretation**, but the therapist and client continue the psychoanalysis in order to help the client gain insight. This process is called **working through**.

❷ Transference is one of the most important concepts in psychoanalysis. This is a phenomenon in which patterns of **interpersonal** relationships with significant others in the past also **emerge** in the therapeutic relationship. There are two types of transference: **positive transference** which produces affirmative feelings towards the subject, and **negative transference** which produces negative feelings towards the subject. These transferences are usually directed from the client to the therapist, but **conversely**, the therapist may show an emotional response to the client, which is known as **countertransference**. To ensure that countertransference does not interfere with client support, therapists also need to undergo **training analysis** and perform **self-analysis**.

❸ As the analysis progresses, the client may show **therapeutic regression**. This regression is considered to be temporary and an essential process for the analysis. During the course of psychoanalytic therapy, various factors can arise which interfere with the analysis. In order for the therapist to maintain **neutrality** without being **confused** by such factors, it is important that the **structure of psychotherapy** is clearly defined.

❶ **精神分析療法**とは、フロイトが提唱した精神分析理論に基づく**心理療法**である。この**セラピー**では**自由連想法**が用いられ、クライエントは心に思い浮かぶことを選別せずに何でも語るように**促される**。**セラピスト**は、クライエントが語った内容を分析し、クライエントの**抵抗**や**転移**、防衛機制について解釈する。ときにはクライエントがセラピストの**解釈**に同意できない場合もあるが、クライエントが洞察を深められるように、セラピストとクライエントは精神分析を続けていく。こうした過程を**徹底操作**という。

❷ 転移は、精神分析における最も重要な概念の1つである。これは過去の重要な他者との**対人**関係のパターンが治療関係の中でも**出現する**現象のことである。転移には、2つの種類がある。対象に対して肯定的な感情を生じさせる**陽性転移**と、対象に対して否定的な感情を生じさせる**陰性転移**である。こうした転移は、通常はクライエントからセラピストに対して向けられるが、**逆に**、セラピストがクライエントに対して感情的反応を示すこともあり、これは**逆転移**として知られている。逆転移がクライエント支援の妨げにならないように、セラピストも**教育分析**を受けて**自己分析**を行う必要がある。

❸ 分析が進むにつれて、クライエントが**治療的退行**を示すこともある。この退行は一時的なものであり、分析に不可欠な過程であると考えられている。精神分析療法の経過中に、分析を妨げるさまざまな要因が生じ得る。セラピストがそうした要因に**惑わされ**ずに**中立性**を維持するためには、**治療構造**を明確に取り決めることが重要である。

精神疾患・心理療法

☑ significant other　重要な他者　　☑ affirmative　图 親和的な；肯定的な

217

1137 ☑	**psychoanalytic therapy**	精神分析療法
1138 ☑	**psychotherapy** [sàɪkouθérəpi]	名 心理療法；精神療法
1139 ☑	**therapy** [θérəpi]	名 セラピー；治療
1140 ☑	**free association**	自由連想法
1141 ☑	**encourage** [ɪnkə́ːridʒ]	他 を促す；を勧める；を奨励する；を励ます
1142 ☑	**encouragement**	名 励まし；激励；奨励
1143 ☑ 関	**courage**	名 勇気
1144 ☑	**therapist** [θérəpɪst]	名 セラピスト
1145 ☑	**resistance** [rɪzístəns]	名 抵抗
1146 ☑	**resist**	他 に抵抗する
1147 ☑	**transference** [trænsfə́ːrəns]	名 転移

| 1148 ☐ | interpretation [ɪntə̀ːrprətéɪʃən] | 名 解釈；解説 |
| | 1149 ☐ interpret | 他 を解釈する；を解説する |

| 1150 ☐ | working through | 徹底操作 |

| 1151 ☐ | interpersonal [ìntərpə́ːrsənl] | 形 対人関係の；個人間の |

1152 ☐	emerge [ɪmə́ːrdʒ]	自 現れる；浮かび上がる；明らかになる
	1153 ☐ emergence	名 出現
	1154 ☐ emergency	名 緊急事態

| 1155 ☐ | positive transference | 陽性転移 |

| 1156 ☐ | negative transference | 陰性転移 |

| 1157 ☐ | conversely [kənvə́ːrsli] | 副 逆に；反対に |
| | 1158 ☐ converse | 形 逆の；反対の |

| 1159 ☐ | countertransference [kàʊntərtrænsfə́ːrəns] | 名 逆転移 |

1160 ☑	training analysis	教育分析
1161 ☑	self-analysis	名 自己分析
1162 ☑	therapeutic regression	治療的退行
1163 ☑	neutrality [n(j)u:trǽləti]	名 中立性
1164 ☑	**confuse** [kənfjúːz]	他 を当惑させる；を混同する（with）
1165 ☑	confusion	名 混乱；混同；困惑
1166 ☑	structure of psychotherapy	治療構造

関連用語

☑ dream analysis	夢分析
☑ collective unconscious	集合的無意識
☑ hypnosis	催眠
☑ autosuggestion	自己暗示
☑ confrontation	直面化
☑ acting out	行動化
☑ limitation	制限
☑ working alliance	作業同盟
☑ abreaction	除反応；カタルシス
☑ Naikan therapy	内観療法

　フロイト, S.が提唱した精神分析は、後継者たちによっていくつかの学派に分かれていきました。フロイト, S.の娘であるフロイト, A.は、遊戯療法を用いた児童分析を実践し、自我の防衛機制を体系的に整理し、精神分析的自我心理学という分野を開拓しました。それと同時期に、クライエントとセラピストとの相互作用を重視し、サリヴァン, H.S.らが提唱したのが対人関係論です。また、内的対象に焦点を当てた立場として対象関係論があり、クライン, M.やフェアバーン, R.D.らの研究によって発展しました。その後、自己愛性パーソナリティ障害患者の精神分析を通じて、コフート, H.は自己心理学を確立しました。

精神疾患・心理療法

36 クライエント中心療法
Client-centered Therapy

❶ Counseling practiced in the first half of the 20th century was heavily **influenced** by psychoanalysis. Counselor's interpretation of what the client says is one of the key techniques in psychoanalytic therapy. However, Rogers, a clinical psychologist, **criticized** the use of such intervention techniques as undermining the **spontaneity** of the client. In his view, counselors should be the **presence** who provide **listening** and **acceptance** for their clients, rather than the presence who provide direction and interpretation to them. This idea is based on **humanistic psychology** which respects human independence. Rogers called his counseling practice **nondirective counseling** or **client-centered therapy**.

❷ For counseling to progress, rapport must be formed between the counselor and the client. **Additionally**, counselors need to have the following three **conditions**: **genuineness** or **congruence**, **unconditional positive regard** and **empathic understanding**.

❸ We are prone to maladaptive states when there is a large discrepancy between our ideal self-concept and our actual self (**experience**). In client-centered therapy, counselor helps the client to gain **self-insight** and ultimately **self-acceptance** through acceptance of the presence of the client. Rogers thought that everyone has the power to develop our own potential, which he called the self-actualization tendency. When the ideal self and the actual self are matched and the client is closer to self-actualization, the client becomes a **fully functioning person**. Rogers organized his ideas about the client's sequence of changes into a **process conception** and developed a process scale to measure the client's changes.

❶ 20世紀前半に実施されていたカウンセリングは、精神分析から大きな**影響を受けていた**。クライエントが語った内容をカウンセラーが解釈することが、精神分析療法における重要な技法の1つである。しかし臨床心理学者のロジャーズは、こうした介入技法を用いることはクライエントの**自発性**を損なうと**批判した**。彼の考えによれば、カウンセラーはクライエントに対して指示や解釈を行う存在であるよりも、クライエントに対して**傾聴**と**受容**を行う**存在**であるべきであるという。この考えは、人間の主体性を尊重する**人間性心理学**に基づいている。ロジャーズは、彼が実践するカウンセリングを**非指示的カウンセリング**や**クライエント中心療法**と呼んだ。

❷ カウンセリングが進展するためには、カウンセラーとクライエントとの間にラポールが形成されていなくてはならない。**さらに、**カウンセラーに以下の**3条件**が備わっている必要がある。**純粋性**または**自己一致、無条件の肯定的配慮**、そして**共感的理解**である。

❸ 人間は、理想とする自己概念と、現実の自己（経験）との不一致が大きいと不適応状態に陥りやすい。クライエント中心療法では、カウンセラーはクライエントの存在を受容することを通じて、クライエントが**自己洞察**を行い、最終的に**自己受容**に至る手助けをする。誰しもが、自らの潜在力を開花させる力を持っているとロジャーズは考え、この力を自己実現傾向と呼んだ。理想自己と現実自己が一致し、クライエントが自己実現に近づいたとき、クライエントは**十分に機能する人間**になる。ロジャーズは、クライエントの一連の変化に関する考えを**過程概念**として整理し、クライエントの変化を測るための過程尺度を開発した。

1167	**influence** [ínfluəns]	他 に影響を与える 名 影響；影響力
	1168 influential	形 影響力のある
1169	**criticize** [krítəsàɪz]	他 を批判する；を批評する
	1170 critical	形 批判的な；重大な；決定的な；危機的な
	1171 criticism	名 批判；批評
	1172 関 critical period	臨界期
1173	**spontaneity** [spɑ̀:ntəní:əti]	名 自発性
	1174 spontaneous	形 自発的な
	1175 spontaneously	副 自発的に
	1176 関 spontaneous recovery	自発的回復
1177	**presence** [prézns]	名 存在；プレゼンス
1178	**listening** [lísnɪŋ]	名 傾聴
1179	**acceptance** [əkséptəns]	名 受容；採択；受け入れ

1180 ☑	humanistic psychology	人間性心理学
	1181 ☑ 関 transpersonal psychology	トランスパーソナル心理学
1182 ☑	nondirective counseling	非指示的カウンセリング
1183 ☑	client-centered therapy	クライエント中心療法
	1184 ☑ 関 person-centered approach	パーソンセンタード・アプローチ
1185 ☑	**additionally** [ədíʃənli]	副 さらに；その上
	1186 ☑ additional	形 追加の
1187 ☑	**condition** [kəndíʃən]	名 条件；状況；状態
1188 ☑	genuineness [dʒénjuɪnnəs]	名 純粋性
	1189 ☑ genuine	形 純粋な；本物の
1190 ☑	congruence [káːŋgruəns]	名 自己一致；一致
	1191 ☑ congruent	形 一致する；適合する
1192 ☑	unconditional positive regard	無条件の肯定的配慮

精神疾患・心理療法

1193 ☑	**empathic understanding**	共感的理解
1194 ☑	**experience** [ɪkspíəriəns] 1195 ☑ experiencing	名 経験 他 を経験する 名 体験過程
1196 ☑	**self-insight**	名 自己洞察
1197 ☑	**self-acceptance**	名 自己受容
1198 ☑	**fully functioning person**	十分に機能する人間
1199 ☑	**process conception**	過程概念

関連用語

☑ focusing	フォーカシング
☑ felt sense	フェルトセンス
☑ logotherapy	ロゴセラピー
☑ existential psychotherapy	実存的心理療法
☑ Gestalt therapy	ゲシュタルト療法
☑ apparent movement	仮現運動
☑ motion after effect	運動残効
☑ grouping	群化
☑ pattern recognition	パターン認識
☑ individual psychology	個人心理学

　ロジャーズ, C.R.は、長年にわたってクライエント中心療法の実践と研究に従事しました。そして後年は、臨床的な問題を解決するために、セラピーを行うことにとどまらず、クライエントが人間的に成長する手助けとなる支援方法の探究に取り組みました。また社会問題の解決にも取り組むようになり、彼は自らの立場をパーソンセンタード・アプローチと呼びました。さらにロジャーズは、個人だけではなくグループや組織を対象とした支援へと関心を広げていき、特にエンカウンターグループに注目しました。これは参加者それぞれが本音を語りながら、相手の意見に耳を傾ける中で自己理解や成長を目指すグループのことです。

精神疾患・心理療法

37 家族療法
Family Therapy

❶   **Family therapy** may be helpful for clients whose chief complaint is problems in family relationships. In family therapy, the therapist uses intervenes in the clients and their families based on **family systems** theory.

❷   **Initially**, the study of the **double bind theory contributed** greatly to the establishment of family systems theory.   According to this theory, it is said that when parents relate to their children in a **contradictory** way, it can lead to serious mental illness in children. If there are problems in the family relationship, the therapist needs to intervene in not just the child but the family system.

❸   The human body is equipped with **homeostasis**, a mechanism that tries to maintain **physiological equilibrium** in the body. Homeostasis is also at work within the family system. For example, when the parents realize that their child is struggling with non-attendance at school, they may start to work together to look after the child, even though they normally do not **get along**, and as a result, the family relationship can be maintained rather than **disrupted**. In family therapy, the person who presents with any symptom is called the **identified patient (IP)**. IPs are considered to be people who just happen to play a role in **bringing** family problems **to light** and who present an imbalance in the family system. The problems of the family system should not be seen **in terms of linear causality**, such as marital quarrels caused by the father's **indifference** to the family. It is preferable to see them as a **circular causality**, in which the husband's indifference and the wife's high demands work as both causes and consequences of their marital quarrels. Family therapy techniques include **reframing**, **joining**, **positive connotation**, and **paradoxical intervention**. These techniques are used according to the state of the family system.

❶　家族関係の問題を主訴とするクライエントに対しては、**家族療法**が役立つことがある。家族療法では、セラピストはクライエントとその家族に対して、**家族システム**の理論に基づいて介入を行う。

❷　家族システム理論の確立には、**当初、二重拘束説**の研究が大きく**貢献した**。この説によれば、親が**矛盾する**やり方で子どもと関わっていると、子どもに深刻な精神疾患が生じる可能性があるとされている。もし家族関係に問題があるならば、セラピストは、子どもだけではなく家族システムに対しても介入する必要がある。

❸　人間の身体には、体内の**生理的な均衡**を保とうとする仕組みである**ホメオスタシス**が備わっている。ホメオスタシスは、家族システムの中でも機能している。例えば、子どもが不登校に悩んでいることに両親が気づくと、普段は**仲は良く**ないものの、協力して子どもの世話をするようになり、結果的に家族関係が**崩壊せ**ず維持されることがある。家族療法では、何らかの症状を呈した人は、**患者と見なされた人（ＩＰ）**と呼ばれる。ＩＰは、たまたま家族の問題を**顕在化させる**役割を担っただけであり、家族システムの不均衡を示してくれている人物だと考えられている。父親の家庭への**無関心**のせいで夫婦喧嘩が起きるといった**直線的因果律の観点**で、家族システムの問題を捉えるべきではない。夫の無関心と、妻の要求の多さとが、夫婦喧嘩の原因でもあり結果でもあるとする、**円環的因果律**で捉えることが望ましい。家族療法の技法には、**リフレーミング**や**ジョイニング、肯定的な意味づけ、逆説的介入**などがある。これらの技法は、家族システムの状態にあわせて使い分けられている。

☑ marital quarrel　夫婦喧嘩

1200 ☑	family therapy	家族療法
1201 ☑	family system	家族システム
1202 ☑ 関	family functioning	家族機能

1203 ☑	**initially** [ɪníʃəli]	副 初めに；最初に；当初は
1204 ☑	initial	形 最初の；初期の；当初の 名 頭文字
1205 ☑	initiate	他 を始める；に着手する
1206 ☑	initiative	名 主導権；自発力

1207 ☑	double bind theory	二重拘束 (ダブル・バインド) 説

1208 ☑	**contribute** [kəntríbjuːt]	自 に貢献する； 　に寄与する (to)
1209 ☑	contribution	名 貢献；寄与；寄付

1210 ☑	**contradictory** [kàːntrədíktəri]	形 矛盾する；相反する
1211 ☑	contradiction	名 矛盾；否定；反対

1212 ☑	**homeostasis** [hòʊmioʊstéɪsɪs]	名 ホメオスタシス

1213 ☑	**physiological** [fìziəlá:dʒɪkl]	形 生理学の；生理的な
1214 ☑	physiology	名 生理学
1215 ☑	**equilibrium** [ì:kwəlíbriəm]	名 均衡；平衡；落ち着き
1216 ☑	**get along**	仲良くする； （何とか）やっていく
1217 ☑	**disrupt** [dɪsrʌ́pt]	他 を混乱させる；を破壊 する；を中断させる
1218 ☑	disruptive	形 破壊的な；混乱を引き 起こす
1219 ☑	identified patient（IP）	患者と見なされた人；IP
1220 ☑	**bring ～ to light**	～を明るみに出す； ～を暴露する
1221 ☑	**in terms of ～**	～の観点から；～に関して
1222 ☑	= with regard to ～	～に関して
1223 ☑	linear causality	直線的因果律

1224	**indifference** [ɪndífərns]	名 無関心
1225	indifferent	形 無関心な
1226	circular causality	円環的因果律
1227	reframing [rɪfréɪmɪŋ]	名 リフレーミング
1228	joining [dʒɔ́ɪnɪŋ]	名 ジョイニング
1229	positive connotation	肯定的な意味づけ
1230	paradoxical intervention	逆説的介入

☑	general systems theory	一般システム理論
☑	systems approach	システム論的アプローチ
☑	holistic	ホリスティックな；全体論の
☑	narrative	ナラティブ
☑	isomorphism	アイソモーフィズム
☑	family life cycle	家族ライフサイクル
☑	abuse	虐待
☑	maltreatment	虐待
☑	physical abuse	身体的虐待
☑	psychological abuse	心理的虐待
☑	sexual abuse	性的虐待
☑	neglect	ネグレクト；育児放棄；無視
☑	domestic violence	ドメスティックバイオレンス
☑	genogram	ジェノグラム；世代関係図
☑	enmeshment	纏綿状態
☑	nuclear family	核家族

精神疾患・心理療法

38 認知行動療法
Cognitive Behavioral Therapy

❶ When a client **complains** of the problem of washing hands too many times in a day, **behavior therapy** which addresses the generation mechanism of that behavior can be efficient treatment. **Systematic desensitization** and **exposure** to which the principle of classical conditioning is applied are typical techniques of behavior therapy. These techniques aim to improve symptoms by leading a client to be gradually used to the object which makes him feel anxious. As the **background** of such behavior, the client might have an **irrational belief** and cognitive **distortion**, and he might think he will surely get a serious **infection** if he washes his hands only a few times. In that case, it is effective that the therapist focuses not only on the client's behavior but also cognition. **Cognitive behavioral therapy** is a generic term for psychotherapy which modifies **problematic** behavior by transforming the inappropriate recognition of a client. **Rational-emotive therapy** of Ellis and **cognitive therapy** of Beck are well known as **treatment** packages of cognitive behavioral therapy. Beck thought patients with depression tended to have specific thinking patterns, and established the therapy model to transform their negative **automatic thought** and schema.

❷ In the 1990's, the cognitive behavioral therapy of the third generation began to appear. In particular, **mindfulness-based cognitive therapy** which incorporates the idea of **mindfulness** attracts attention. Therapists aim to transform their clients' cognitive distortion in conventional cognitive behavioral therapy. By contrast, therapists who conduct mindfulness-based cognitive therapy encourage clients themselves to observe their internal state and what they recognize in the present moment, and accept them just as they are.

❶　クライエントが1日に何十回も手を洗ってしまうことに**困ると訴える**場合、その行動の発生メカニズムに働きかける**行動療法**が有効な治療法となり得る。古典的条件づけの原理を適用した**系統的脱感作法**や**暴露法**は、行動療法の代表的な技法である。これらの技法は、不安を感じる対象にクライエントが徐々に慣れるように導くことで、症状を改善することを目指すものである。そのような行動の**背景**として、クライエントは**非合理的な信念**や認知の**歪み**を有しており、数回手を洗っただけでは重篤な**感染症**にかかるに違いないと考えているのかもしれない。そのような場合、セラピストはクライエントの行動だけではなく認知にも焦点を当てることが有効である。**認知行動療法**とは、クライエントの不適切な認知を変容させることにより、**問題となる**行動を修正する心理療法の総称である。エリスの**論理情動療法**やベックの**認知療法**が、認知行動療法の**治療**パッケージとしてよく知られている。ベックは、うつ病患者は特有の思考パターンを持つ傾向があると考え、否定的な**自動思考**やスキーマを変容させるための治療モデルを構築した。

❷　1990年代には、第三世代の認知行動療法が登場し始めた。特に、**マインドフルネス**の考え方を取り入れた**マインドフルネス認知療法**が注目されている。従来の認知行動療法では、セラピストはクライエントの認知の歪みを変容させることを目指す。それに対して、マインドフルネス認知療法を実施するセラピストは、クライエントに今その瞬間の内的状態や認識するものをクライエント自身が観察し、それらをありのままに受け止めるように促す。

| 1231 ☑ | **complain** [kəmpléɪn] | 自 不平を言う |
| | 1232 ☑ complaint | 名 不平；不満 |

| 1233 ☑ | behavior therapy | 行動療法 |

| 1234 ☑ | systematic desensitization | 系統的脱感作法 |
| | 1235 ☑ 関 counterconditioning | 名 拮抗条件づけ |

1236 ☑	exposure [ɪkspóʊʒər]	名 暴露法；暴露；さらされること
	1237 ☑ expose	他 をさらす；を暴露する
	1238 ☑ 関 exposure therapy	暴露療法
	1239 ☑ 関 exposure and response prevention	暴露反応妨害法
	1240 ☑ 関 flooding	名 フラッディング

| 1241 ☑ | **background** [bǽkgràʊnd] | 名 背景；経歴 |

1242 ☑	irrational belief	非合理的な信念；イラショナル・ビリーフ
	1243 ☑ ⟷ rational belief	合理的な信念；ラショナル・ビリーフ
	1244 ☑ 関 core belief	中核信念

1245 ☑	**distortion** [dɪstɔ́ːrʃən]	名 歪み；歪曲
	1246 ☑ distort	他 を歪める；を歪曲する
1247 ☑	**infection** [ɪnfékʃən]	名 感染；感染症
	1248 ☑ infectious	形 感染性の；うつりやすい
1249 ☑	cognitive behavioral therapy	認知行動療法
	1250 ☑ 関 dialectical behavior therapy	弁証法的行動療法
1251 ☑	**problematic** [prà:bləmǽtɪk]	形 問題のある； 解決の難しい
1252 ☑	rational-emotive therapy	論理情動療法
1253 ☑	cognitive therapy	認知療法
	1254 ☑ 関 cognitive restructuring	認知再構成法
1255 ☑	**treatment** [tríːtmənt]	名 治療；取り扱い
	1256 ☑ treat	他 を治療する；を扱う
1257 ☑	automatic thought	自動思考

精神疾患・心理療法

1258 ☑	mindfulness-based cognitive therapy	マインドフルネス認知療法
1259 ☑	mindfulness [máɪndflnəs]	名 マインドフルネス

関連用語

☑ anxiety hierarchy	不安階層表
☑ dysfunctional thought record	非機能的思考記録表
☑ homework assignments	宿題
☑ action plan	アクション・プラン
☑ thinking error	推論の誤り
☑ stress inoculation training	ストレス免疫訓練
☑ treatment efficacy study	治療効果研究
☑ process studies of psychotherapies	治療過程研究
☑ meta-analysis	メタ分析

統計・研究法

39 尺度水準
Level of Measurement

❶ Data which are measured in surveys are called **variable** because they vary according to the objects and situations. **Scale** is the standard of measurement of variables, and includes **rating scales** which are used to **investigate** the traits of subjects. Stevens classified scales into four **levels of measurement**; **nominal scale**, **ordinal scale**, **interval scale**, and **ratio scale**. Depending on the property of each scale and applicable analysis methods, nominal scale is positioned on the lowest level and ratio scale is on the highest.

❷ The variables of nominal scale include sex and grade in school, and play the **symbolic** role of classifying data, so that the **value** itself doesn't have any meaning. The variables of ordinal scale indicate **order**, however, the distance between rank is not always equal. For example, ranking at an athletics event is included in the variables. The variables of interval scale are placed in fixed order and the intervals between **consecutive** values are equal. Since that variable doesn't have an **absolute zero point**, addition and subtraction are possible, however, multiplication and division are not. The variables of ratio scale have equal **intervals** between values and an absolute zero point, therefore, four arithmetic operations are possible, and it is true for mass and length.

❸ From the perspective of quantity, variables are categorized into **qualitative variables** and **quantitative variables**. **Summarizing** the values and representing them with **central tendency** as **mode**, **median**, and **mean** makes it easy to understand the rough characteristics of the data. **Indices** such as **standard deviation**, which indicates the level of variability of data, are called **dispersion**. Transformation of the unit of data by standardization, and calculation of **deviation value** from mean and standard deviation, make it easy to know the relative position of the data in the population.

❶　調査で測定されるデータは、対象や状況によって変化するため、**変数**と呼ばれる。**尺度**とは変数の測定基準であり、被検者の特性**を調べる**ために用いる**評定尺度**が含まれる。スティーブンスは、尺度を**名義尺度**、**順序尺度**、**間隔尺度**と**比率尺度**という4つの**尺度水準**に分類した。各尺度の性質や適用できる分析法に応じて、名義尺度は最も低い水準に、比率尺度は最も高い水準に位置づけられている。

❷　名義尺度の変数は性別や学級などが該当し、データを分類するための**記号的な**役割を果たしているため、**値**自体には何の意味もない。順序尺度の変数は**順序**を示しているが、順位間の間隔が必ずしも等しいとは限らない。例えば運動会の順位がこの変数に含まれる。間隔尺度の変数は、順番が決まっており、また**連続した**値間の間隔が等しい。この変数には**絶対原点**はないので足し算、引き算はできても、掛け算、割り算はできない。比率尺度の変数は値ごとの**間隔**が等しく、絶対原点が存在するため、四則演算が可能であり、質量や長さがそれに該当する。

❸　数量という観点から見ると、変数は**質的変数**と**量的変数**とに分類される。**値を要約し**、**最頻値**、**中央値**や**平均**などの**代表値**で表すと、データの大まかな特徴を理解しやすくなる。**標準偏差**などの**指標**はデータのばらつきの程度を表し、**散布度**と呼ばれる。標準化によりデータの単位を変換し、さらに平均と標準偏差から**偏差値**を算出すると、そのデータについて集団内での相対的な位置を知ることが容易になる。

☑ athletics　图 運動競技　　　☑ division　图 割り算
☑ addition　图 足し算　　　　☑ four arithmetic operations　四則演算
☑ subtraction　图 引き算　　　☑ mass　图 質量
☑ multiplication　图 掛け算　　☑ variability　图 ばらつき

1260	variable [véəriəbl]	名 変数 形 変わりやすい

1261	scale [skéɪl]	名 尺度；基準

1262	rating scale	評定尺度
1263	rate	他 を評定する

1264	investigate [ɪnvéstəgèɪt]	他 を調査する；を研究する
1265	investigation	名 調査；研究；捜査

1266	level of measurement	尺度水準

1267	nominal scale	名義尺度

1268	ordinal scale	順序尺度

1269	interval scale	間隔尺度

1270	ratio scale	比率尺度

1271 ☑	**symbolic** [sɪmbάːlɪk]	形	象徴の；象徴的な；記号的な
1272 ☑	**symbol**	名	象徴；記号
1273 ☑	**symbolize**	他	を象徴する
1274 ☑ 関	symbolic play		象徴遊び

1275 ☑	**value** [vǽljuː]	名	値；価値；価値観
1276 ☑	**valuable**	形	貴重な；高価な；有益な

1277 ☑	**order** [ɔ́ːrdər]	名	順序；命令；秩序
		他	を命令する；を注文する
1278 ☑ 🔁	disorder	名	疾患；障害；病気；混乱

1279 ☑	**consecutive** [kənsékjətɪv]	形	連続した；一貫した

1280 ☑	**absolute zero point**		絶対原点
1281 ☑	**absolute**	形	絶対的な；完全な
1282 ☑	**absolutely**	副	絶対的に；完全に；確実に
1283 ☑ 関	absolute threshold		絶対閾
1284 ☑ 🔁	discriminative threshold		弁別閾

1285 ☑	**interval** [íntərvl]	名 間隔；隔たり
	1286 ☑ 関 interval estimation	区間推定法
1287 ☑	qualitative variable	質的変数
	1288 ☑ 関 qualitative study	質的研究
1289 ☑	quantitative variable	量的変数
	1290 ☑ 関 quantitative study	量的研究
1291 ☑	**summarize** [sáməràɪz]	他 を要約する
	1292 ☑ summary	名 要約；サマリー
1293 ☑	central tendency	代表値
1294 ☑	mode [móʊd]	名 最頻値
1295 ☑	median [míːdiən]	名 中央値
1296 ☑	mean [míːn]	名 平均

1297 ☑	**index** [índeks]	名 指標；指数 indices（複）
1298 ☑	**standard deviation**	標準偏差
1299 ☑	**dispersion** [dɪspə́ːrʒən]	名 散布度
1300 ☑	**deviation value** (Z-score；T-score)	偏差値

関連用語

☑ constant	定数
☑ discrete variable	離散変数
☑ continuous variable	連続変数
☑ variance	分散
☑ outlier	外れ値；異常値
☑ quantification	数量化
☑ Likert scaling	リッカート法
☑ Thurstone scaling	サーストン法
☑ subscale	下位尺度
☑ just noticeable differences	丁度可知差異

統計・研究法

統計的仮説検定
Statistical Hypothesis Testing

❶ **Statistical hypothesis testing** is a method of testing a research hypothesis on the basis of **statistics**. In many cases, it is difficult to obtain data on a **population**, that is, on all possible research subjects. In general, therefore, some **samples** are drawn from the population by **random sampling**, and the characteristics of the entire population are **estimated** through the analysis of the sample data. Many methods of statistical analysis are based on the **assumption** that the data in a population will show a **normal distribution**.

❷ In hypothesis testing, the researcher first sets up an **alternative hypothesis** that he or she wants to be proved and a **null hypothesis** that denies the alternative hypothesis. Then, if the latter is **rejected**, the former is **accepted**. The researcher defines a **critical region** based on the **significance level** and statistically determines whether there is a **significant difference**. However, hypothesis testing can lead to **erroneous** estimates. There is a **type I error** which rejects the null hypothesis even though it is correct, and a **type II error** which fails to reject the null hypothesis even though it is incorrect.

❸ Hypothesis testing may be carried out in the form of a **controlled trial** in which subjects are assigned to **experimental** and **control groups**. When a change in the X variable causes a corresponding change in the Y variable, the former is called the **independent variable** and the latter the **dependent variable**. The researchers will test their hypotheses by using an intergroup comparison of these variables. In addition, when there are variables that are related to both the independent and dependent variables, it may not be clear how much the dependent variables are affected by the independent variables because **confounding** occurs.

❶　**統計的仮説検定**とは、**統計**に基づいて研究仮説を検証する手法である。多くの場合、**母集団**、すなわち研究対象となり得るすべての人々に関するデータを入手することは困難である。そのため一般的には、**無作為抽出**により一部の**標本**が母集団から抜き出され、その標本データの解析を通じて、母集団全体の特徴が**推定される**。統計分析法の多くは、母集団のデータが**正規分布**を示すという**仮定**に基づいている。

❷　仮説検定においては、まず研究者が、証明したい**対立仮説**と、その対立仮説を否定する**帰無仮説**を設定する。そして後者が**棄却された**場合、前者が**採択される**。研究者は**有意水準**を基に**棄却域**を定め、**有意差**があるかどうかを統計的に判断する。しかし、仮説検定により**誤った**推定に至ることもある。帰無仮説が正しいにもかかわらず帰無仮説を棄却してしまう**第一種の誤り**と、帰無仮説が正しくないにもかかわらず帰無仮説を棄却し損ねる**第二種の誤り**が存在する。

❸　被験者を**実験群**と**統制群**に割り当てる**対照試験**の形式で、仮説検定を行うことがある。変数Xを変化させると、それに伴って変数Yが変化するとき、前者を**独立変数**、後者を**従属変数**と呼ぶ。研究者はこれらの変数の群間比較により、仮説を検証していく。なお、独立変数と従属変数と両方に関連する変数が存在する場合は、**交絡**が生じるため、従属変数がどのくらい独立変数の影響を受けているのかを明確にできないことがある。

☑ intergroup comparison　群間比較

1301 ☑	**statistical hypothesis testing**	統計的仮説検定
1302 ☑	**statistics** [stətístɪks]	名 統計；統計学
1303 ☑	**statistical**	形 統計の；統計上の
1304 ☑	statistic	名 統計量
1305 ☑	**population** [pà:pjəléɪʃən]	名 母集団；人口
1306 ☑	**sample** [sǽmpl]	名 標本；サンプル
1307 ☑	sampling	名 標本抽出；サンプリング
1308 ☑ 関	randomization	名 無作為化；ランダム割り当て
1309 ☑ 関	sampling survey	標本調査
1310 ☑	**random sampling**	無作為抽出；ランダムサンプリング
1311 ☑	**estimate** [éstəmèɪt]	他 を推定する；を見積もる；を評価する 名 見積もり；判断
1312 ☑	**estimation**	名 評価；判断

1313 ☑	**assumption** [əsʌ́mpʃən]	名 仮定；前提
	1314 ☑ **assume**	他 と仮定する；と推測する
1315 ☑	normal distribution	正規分布
	1316 ☑ 関 probability distribution	確率分布
	1317 ☑ 関 sampling distribution	標本分布
1318 ☑	alternative hypothesis	対立仮説
1319 ☑	null hypothesis	帰無仮説
1320 ☑	reject [rɪdʒékt]	他 を棄却する；を拒絶する
	1321 ☑ rejection	名 棄却；拒絶
1322 ☑	accept [əksépt]	他 を採択する；を受け入れる
	1323 ☑ acceptable	形 受け入れられる
	1324 ☑ unacceptable	形 受け入れられない
1325 ☑	critical region	棄却域
	1326 ☑ acceptance region	採択域

統計・研究法

1327 ☑	significance level	有意水準
1328 ☑	significant difference	有意差

1329 ☑	**erroneous** [ɪróuniəs]	形 間違った；誤りのある
1330 ☑	error	名 誤り；手違い；誤差
1331 ☑	関 random error	偶然誤差

1332 ☑	type Ⅰ error	第一種の誤り
1333 ☑	type Ⅱ error	第二種の誤り
1334 ☑	controlled trial	対照試験
1335 ☑	experimental group	実験群
1336 ☑	control group	統制群；対照群
1337 ☑	independent variable	独立変数
1338 ☑	dependent variable	従属変数

1339 ☑ **confounding** [kənfáʊndɪŋ]	名 交絡
1340 ☑ **confound**	他 を当惑させる；を混乱 させる；を混同する
1341 ☑ 関 confounding variable	交絡変数

☑ chance	偶然；可能性
☑ confidence interval	信頼区間
☑ confidence level	信頼水準
☑ standard error	標準誤差
☑ two-sided test	両側検定
☑ one-sided test	片側検定
☑ correlation coefficient	相関係数
☑ positive correlation	正の相関関係
☑ negative correlation	負の相関関係
☑ uncorrelated	無相関の
☑ *t* test	*t* 検定
☑ analysis of variance (ANOVA)	分散分析
☑ main effect	主効果
☑ effect size	効果量
☑ multiple comparison	多重比較
☑ Tukey's method	テューキー法
☑ multivariate analysis	多変量解析
☑ multicollinearity	多重共線性
☑ extraneous variable	剰余変数
☑ criterion variable	基準変数

統計・研究法

41 心理学研究法
Psychological Research Method

❶ Psychology is an academic discipline which studies the human mind objectively and scientifically, and there are various **psychological research methods**. In terms of data acquisition, research methods are categorized into interview method, observational method, **experimental method**, **survey method**, and psychological testing method.

❷ In interview method, you grasp the characteristic of an interviewee through **verbal** and non-verbal communication. This method includes three formats: **structured interview**, **semi-structured interview**, and **unstructured interview**. In observational method, you acquire the information of a subject by observing the fact as the way it is. The observation technique conducted without **artificial** manipulation is called **naturalistic observational method**, while the technique using certain manipulation based on research **procedures** is called **experimental observational method**. In addition, this research method is classified into **participant observation** and **non-participant observation** according to whether the **experimenter** participates in the observation scene or not. In experimental method, observation and measurement on behavior are made by setting conditions artificially. Experiments can be conducted not only in a **laboratory** but also in daily situations, as **field experiments**. The survey method and psychological testing method are **approaches** where you collect data about subjects using questionnaires or psychological testing. It is then essential that the questionnaires and psychological testing with proven reliability and validity are used.

❶　心理学は、人の心を客観的に、また科学的に研究する学問であり、さまざまな**心理学研究法**が存在する。データ収集の観点から、研究法は面接法、観察法、**実験法**、**調査法**や心理検査法に分類される。

❷　面接法では、**言語的**および非言語的なやり取りを通じて被面接者の特徴を理解する。この方法は、**構造化面接**、**半構造化面接**、**非構造化面接**という３つの方法を含む。観察法では、事実をありのままに見ることによって対象者についての情報を得る。**人為的な**操作を行わずに観察する手法は**自然観察法**と呼ばれ、研究の**手続き**に基づいて何らかの操作を行う手法は**実験的観察法**と呼ばれる。また**実験者**が観察場面に参加するかしないかに応じて、この研究法は**参加観察**と**非参加観察**とに分けられる。実験法では、人為的に条件を設定して行動の観察や測定を行う。実験は、**実験室**の中だけではなく、**フィールド実験**として日常場面でも行われることがある。調査法と心理検査法は、質問紙または心理検査を用いて、被検者についてのデータを集める**方法**である。その際、信頼性と妥当性が検証された質問紙や心理検査を使用することが不可欠である。

統計・研究法

1342 ☑	psychological research method	心理学研究法
1343 ☑ 関 correlation		名 相関；相関関係
1344 ☑ 関 causality		名 因果関係
1345 ☑ 関 action research		アクションリサーチ

1346 ☑	experimental method	実験法
1347 ☑ 関 correlational study		相関的研究

1348 ☑	survey method	調査法
1349 ☑ 関 measurement		名 測定
1350 ☑ 関 measure		他 を測定する；を測る

1351 ☑	verbal [və́:rbl]	形 言語的な；言葉の
1352 ☑ non-verbal		形 非言語的な；言葉を用いない

1353 ☑	structured interview	構造化面接

1354 ☑	semi-structured interview	半構造化面接

1355 ☑	unstructured interview	非構造化面接

1356 ☐	**artificial** [ɑ̀:rtəfíʃəl]	形 人工の；人為的な
1357 ☐	naturalistic observational method	自然観察法
1358 ☐	procedure [prəsíːdʒər]	名 手続き；手順
1359 ☐	experimental observational method	実験的観察法
1360 ☐	participant observation	参加観察
1361 ☐	non-participant observation	非参加観察
1362 ☐	experimenter [ɪkspérəməntər]	名 実験者
1363 ☐ 関 experimenter effect		実験者効果
1364 ☐ 関 blind test		ブラインドテスト
1365 ☐	laboratory [lǽbərətɔ̀:ri]	名 実験室

1366 ☑	field experiment	フィールド実験；現場実験
1367 ☑	**approach** [əpróutʃ]	名 接近；方法；手法；アプローチ 他 に近づく；に接近する；にアプローチする

関連用語

☑ psychophysics	精神物理学
☑ behavior observation	行動観察法
☑ intervention study	介入研究
☑ observational study	観察研究
☑ case study	ケーススタディ；事例研究
☑ analogue study	アナログ研究
☑ social research	社会調査
☑ open-ended question	自由回答法
☑ ecological validity	生態学的妥当性
☑ test-retest method	再テスト法；再検査法
☑ parallel test method	平行テスト法；平行検査法
☑ split-half method	折半法
☑ coefficient alpha	アルファ係数
☑ cross-sectional method	横断的研究
☑ longitudinal method	縦断的研究
☑ cohort study	コーホート研究
☑ idiographic method	個性記述的方法
☑ nomothetic method	法則定立的方法
☑ external validity	外的妥当性
☑ internal validity	内的妥当性
☑ counterbalance	カウンターバランス；相殺

INDEX

公認心理師・臨床心理士・心理系大学院対策
心理英単語集 schéma（シェマ）

2022年6月10日　初版　第1刷発行

編集	デルタプラス編集部
発行者	湯川彰浩
発行所	株式会社デルタプラス
	〒107-0062
	東京都港区南青山2-2-15　ウィン青山1214号
	TEL　0120-112-179
	FAX　03-5539-4838
	https://deltaplus.jp/
執筆協力	鷹見久遠
	MAI SUDO
ブックデザイン	山之口正和＋沢田幸平（OKIKATA）
ＤＴＰ	hasega-design
印刷	新星社西川印刷株式会社
製本	株式会社新寿堂

ISBN 978-4-909865-03-8　C3011
ⓒ DELTA PLUS 2022
Printed in Japan